MERCEDES-BENZ Automobile

Halwart Schrader

MERCEDES-BENZ Automobile

Band 1

Vom 28/95 zum SSKL (1913 - 1933)

HEEL

HEEL-Verlag GmbH
Hauptstraße 354
53639 Königswinter
Tel.: 0 22 23/ 2 30 26
Fax: 0 22 23/ 2 30 28

Originalausgabe:

Berechtigte Ausgabe für die
Heel-Verlag GmbH,
Königswinter

Redaktion: Halwart Schrader

Druck: PDC, Paderborn
Printed in Germany

ISBN 3-89365-349-X

Inhaltsverzeichnis

Vorwort Seite 7
Mercedes 28/95 PS 8
Mercedes 6/25/40 PS und 10/40/65 PS 11
Mercedes 15/70/100 PS 400 14
Mercedes 24/100/140 PS 600/630 20
Mercedes-Benz 24/110/160 PS Modell K 28
Mercedes-Benz 8/38 PS 42
Aus dem Fotoalbum des Mercedes-Liebhabers (I) 48
Mercedes-Benz 8/40/60 PS und 12/60/90 PS 74
Mercedes-Benz Stuttgart 200 75
Mercedes-Benz Stuttgart 260 78
Mercedes-Benz 12/55 PS 90
Mercedes-Benz 12/55 PS 300 und 320 92
Mercedes-Benz 14/60 PS Mannheim 350 96
Mercedes-Benz 18/80 PS Nürburg 460 102
Aus dem Fotoalbum des Mercedes-Liebhabers (II) 108
Mercedes-Benz 680 S 126
Mercedes-Benz 710 SS 138
Mercedes-Benz 720 SSK 148
Mercedes-Benz 720 SSKL 155
Nutzfahrzeuge, Umbauten, Militärausführungen 158
Mercedes-Benz-Veteranenliebhaber in aller Welt 160
Klassiker im Miniaturformat 164
Fotonachweis 165

Mercedes-Benz Nürburg 18/80 PS, fünfsitziges Spezial-Cabriolet D in Luxusausführung, 1928.

Vorwort

Die Geschichte der Automobile des Hauses Daimler-Benz müßte, genau genommen, mit den Modellen 15/70/100 PS, 24/100/140 PS und dem kleinen 8/38 PS beginnen – Fahrzeugtypen, die 1926 auf den Markt kamen, also im Jahr des Zusammenschlusses der beiden Unternehmen Daimler und Benz. Die vor dem Notariatsdirektor Mayer auf dem Amtsgericht Mannheim am 29. Juni 1929 beurkundete Verschmelzung der Firma Benz & Cie., Rheinische Automobil- und Motoren-Fabrik AG Mannheim mit der Daimler-Motoren-Gesellschaft AG Berlin und Untertürkheim zur Daimler-Benz AG stellte aber nur die formale Nachvollziehung eines Tatbestandes dar, über dessen Inhalt es schon lange keine Spekulationen mehr gab – nämlich die enge Zusammenarbeit der beiden ältesten Automobilhersteller der Welt. Schon 1924 waren Fritz Nallinger und Hans Nibel – Benz-Männer seit 1911 bzw. 1917 – in den Vorstand der Daimler-Motoren-Gesellschaft berufen worden, gleichzeitig wurde der damals bereits achtzigjährige Carl Benz Mitglied des DMG-Aufsichtsrats. Daimler-Generaldirektor Karl Schippert sowie sein Konstruktions-Chef Ferdinand Porsche traten ein Jahr später entsprechende Ämter bei Benz an. In gemeinsamen Inseraten, auf Ausstellungen und in den Verkaufsaktivitäten kam die Interessengemeinschaft Daimler-Benz im Verlauf der Jahre 1925–26 deutlich sichtbar zum Ausdruck.
Der allmähliche Vollzug des Zusammengehens war Veranlassung, dieses Buch mit einigen Daimler-Modellen beginnen zu lassen, die sich 1924 bis 1926 im Verkaufsprogramm der DMG befanden. Als Vertreter der großen Kategorie war dies der berühmte 28/95 PS, eine Konstruktion der Zeit vor dem Ersten Weltkrieg. An dieses Modell knüpfte später die Tradition der schweren Mercedes-Wagen an, die als Kompressormodelle ihre Legende prägten.
Die in Mannheim beheimatete Firma Benz & Cie. hatte ihre eigentliche Blütezeit vor 1914 zu verzeichnen gehabt. Carl Benz war allerdings schon lange zuvor, nämlich im Jahre 1903, aus dem von ihm 1883 gegründeten Unternehmen ausgeschieden; er gehörte ihr nur noch als Aufsichtsratmitglied an. Eine 1906 von ihm und seinen Söhnen Eugen und Richard in Ladenburg am Neckar gegründete Automobilfabrik Carl Benz Söhne erlangte nicht die Bedeutung seiner ersten Firma; ihr Fahrzeugausstoß blieb vergleichsweise gering.
Aktienspekulationen hatten zur Folge, daß Benz & Cie. aus der Inflation wesentlich stärker angeschlagen hervorging als das Konkurrenzunternehmen Daimler. Der Umsicht des Finanzdirektors Wilhelm Kissel war es zu verdanken, daß es bei Benz nicht zu einem völligen Desaster kam, sondern – durch Unterstützung der Deutschen Bank – zu jener Verbindung mit der Daimler-Motoren-Gesellschaft (DMG), die beiden Unternehmen schließlich zum Vorteil gereichte.
Die Programme Benz' in Mannheim und Gaggenau und Daimlers in Untertürkheim, Sindelfingen und Berlin-Marienfelde ergänzten sich gut, wenngleich es auch einige Überschneidungen gab, vor allem bei den Nutzfahrzeugen. Zugunsten der in Gaggenau angesiedelten Benz-Lastwagenfertigung (hier hatte die Süddeutsche Automobilfabrik einst die 1895 gegründeten Bergmann-Industriewerke übernommen, Geburtsstätte des Orient-Express- und Liliput-Motorwagens) gab Daimler die Herstellung eigener Nutzfahrzeuge zunächst auf und machte aus dem Berliner Betrieb ein Reparaturwerk. Die Personenwagen-Palette beider Hersteller bereinigte man im Verlauf des Jahres 1927 auf fünf Modelle, die nunmehr unter der Markenbezeichnung Mercedes-Benz verkauft wurden.
Ich habe mich bemüht, diesen Band nach chronologischen Gesichtspunkten aufzubauen, wobei die Teile mit den Farbaufnahmen aus produktionstechnischen Gründen eine Ausnahme bilden. Vermissen wird der Leser vielleicht eine ausführlichere Beschreibung des Sportgeschehens in der Grand-Prix-Szene und der Fahrzeuge, die darin eine Rolle spielten. Dies war nicht das Anliegen dieses Buches, das in erster Linie den Serienwagen gewidmet ist sowie jenen, die sich daraus ableiteten, weshalb der SSK und der SSKL nicht fehlen dürfen. Weitere Einzelheiten, die zum Bereich der Motorsportgeschichte gehören, haben Autoren niedergeschrieben, die hierfür eine größere Kompetenz besitzen als ich.
An dieser Stelle möchte ich die Gelegenheit benutzen, um all jenen meinen Dank zu sagen, die am Zustandekommen dieses Buches mitgewirkt haben, in erster Linie den Herren v. Pein und Dr. Nübel von der Abteilung Archiv-Geschichte-Museum sowie Herrn Schulze von der Technischen Dokumentation der Daimler-Benz AG, aber auch den Mitarbeitern der Sondersammlungen im Deutschen Museum, München und den zahlreichen Besitzern historischer Mercedes-Benz-Automobile, die mir aufschlußreiche Informationen über ihre Fahrzeuge gaben und es auch ermöglichten, daß eine Reihe interessanter Fotos gemacht werden konnten. Hierzu zählen nicht zuletzt einige Sammler in den USA, deren Automobilen man das Prädikat außerordentlicher Restaurierungsqualität zuerkennen muß. Dem Verleger L. Scott Bailey verdanke ich hier besondere Unterstützung.

Halwart Schrader

Ein Gigant aus der Zeit vor dem Ersten Weltkrieg, Versuchsträger für Kompressorantrieb und Basismodell einer neuen Generation großkalibriger Sportwagen:

Mercedes 28/95 PS

Im November des Jahres 1885 war der erste Daimler-Motorwagen entstanden, mehr oder weniger eine Pferdekutsche mit Einzylindermotor im Heck. Welche Umwälzung des gesamten Verkehrswesens Gottlieb Daimlers Konstruktion und auch die seines Kollegen Carl Benz – die von ihren Arbeiten gegenseitig nichts wußten – bedeuten sollte, war damals nicht vorauszusehen.
Fast jedes Fahrzeugmodell vor der Jahrhundertwende, an deren Entstehung vor allem Daimlers Mitarbeiter Wilhelm Maybach großen Anteil hatte, durfte als ein Meilenstein der Motorisierung betrachtet werden. Ein solcher Meilenstein war aber auch der große Wagen vom Typ 28/95 PS, 1913 vorgestellt und ein Fahrzeug der Superlative. Er war ein Kardanwagen; gleichgroße und -starke Mercedes-Automobile waren zuvor stets mit Kettenantrieb ausgestattet worden. Und er war der erste Sechszylinder im Personenwagen-Programm der Daimler-Motoren-Gesellschaft, der den Vierzylinder vom Typ 37/95 PS (9,5 Liter Hubraum) ablösen sollte. Nur wenige 28/95 PS gelangten vor Ausbruch des Weltkrieges indessen in die Hände ihrer Besteller. Bevorzugt wurde die Armee beliefert, und erst nach Kriegsende lief die Zivilproduktion dieses Modells wieder an. Wie übrigens auch die des bereits 1910 konzipierten Mercedes 16/65 PS mit Vierzylinder-Hülsenschieber-Motor, System Knight, ein ventilloser Vierliter, der aber nur in geringen Stückzahlen abgesetzt wurde. Um so größer war die Nachfrage nach dem 28/95 PS mit seinem kultivierten Königswellen-Sechszylindermotor.
Das aus einer Flugmotoren-Konstruktion abgeleitete 7273-ccm-Aggregat benutzten Paul Daimler und sein genialer Technischer Assistent Max Sailer zu Versuchen mit zusätzlicher Aufladung. 1920 entstanden einige 28/95 PS mit Roots-Kompressor; eine solche Maschine

Gegenüberliegende Seite: Mercedes 28/95 PS von 1923. Viele dieser großen Tourenwagen mit Sechszylindermotor hatten als Stabswagen im I. Weltkrieg ihre Dienste getan. Oben: Fünf 28/95 PS im Werk Untertürkheim. Zwei Fahrzeuge tragen Stettiner Kennzeichen.

steckte beispielsweise in einem Rennwagen, wie ihn Max Sailer 1921 in der Targa Florio fuhr. Kaufen konnte man den aufgeladenen 28/95 PS nicht, wohl aber eine Sportversion ohne Kompressor als Zwei- oder Viersitzer mit geringfügig verkürztem Fahrgestell.
Die Liste der Sporterfolge des 28/95 PS sowohl mit als auch ohne Aufladung ist lang. Gerade in der Zeit von 1924 bis 1926 tauchte der »Große Mercedes« jener Ära als Siegerwagen zahlreicher Rennen auf, beim Herkules- und beim Semmering-Bergrennen, bei der Coppa Acerbo, bei der Taunusfahrt, beim Baden-Badener Turnier, beim Kilometerrennen in Scheveningen. Geschwindigkeiten von mehr als 120 km/h für einen Wagen des Baumusters 1913 langten auch im Jahr 1924 noch für Erste Plätze, mit Kompressor fuhr der 28/95 PS über 140 km/h. Auch 1922 nahmen 28/95 PS-Fahrzeuge an der Targa Florio teil – damit aber war auch der Werkseinsatz der großen Sechszylinder

Rechts: Interieur einer Limousine vom Typ 28/95 PS in Luxusausführung.

Eine Reihe von 28/95 PS bereit zur Auslieferung. Im Hintergrund einige separate Aufbauten, die vermutlich als »Wechselkarosserien« benutzt wurden. Die Fahrzeuge stehen noch auf Montagereifen (keine Pneus).

Unten: Ein 28/95 PS 1923 in Kalifornien.

Modell	28/95 PS
Produktionszeit	1913–1924
Motor	Reihen-Sechszylinder
Bohrung/Hub/ccm	105 × 140 mm, 7273 ccm
Verdichtung	5:1
Leistung	95 PS bei 1800 U/min
Ventile, Steuerung	hängend, ohc, Königswelle
Schmierung	Druckumlauf
Kühlung	Wasser, Pumpe
Vergaser	1 Pallas oder 2 Mercedes
Elektrik, Zündung	12 V, Magnet
Kupplung	Doppelkonus
Getriebe	4-Gang, Außenschaltung
Lenkung	Schraubenspindel
Fußbremse	mech. Kardan, ab 1923 Vierrad
Handbremse	mech. Hinterräder
Chassis	Preßstahlrahmen
Radstand, Spur v/h	3370, 1350 mm
Gesamtabmessungen	4890 × 1750 × 1800 mm (Tourer)
Bereifung	935 × 135
Tankinhalt	80 Liter
Leergewicht	1800 kg (Tourer)
Höchstgeschwindigkeit	110–120 km/h
Preise	RM 18 000 (Chassis), RM 24 000 (Tourer)

abgeschlossen. Alle weiteren Sporterfolge gingen auf das Konto eifriger Privatfahrer, die dem 28/95 PS treu blieben.
Nur wenige Änderungen gab es bei den schweren Tourenwagen in den zwanziger Jahren. Der Pallas-Vergaser wich im Sommer 1922 zwei Vergasern eigener Herstellung, ab 1923 gab man dem Wagen Vorderradbremsen, die zuvor nur die Sportmodelle aufgewiesen hatten. Die Fußbremse hatte bis dahin auf die Kardanwelle gewirkt. Wahlweise konnte man Holzspeichen- (Artillerie-) oder Drahtspeichenräder mit Rudge-Whitworth-Verschluß bekommen.
Mit 24 000 Reichsmark kostete der 28/95 PS etwa so viel wie ein zeitgenössischer Maybach W 3 – das waren damals die Spitzenerzeugnisse deutschen Automobilbaus. Sonderkarosserien schlugen natürlich extra zu Buche. Aber wer sich einen 28/95 PS leisten konnte, dem kam es auf tausend Mark mehr oder weniger nicht an . . .

Erfahrungen aus dem Flugmotorenbau fanden ihren Niederschlag bei zwei Sportwagen, die zwar zur kleinen Kategorie zählten, den Kenner aber begeisterten:

Mercedes 6/25/40 PS und 10/40/65 PS

Die berühmten Kompressorwagen unter der Marke Mercedes-Benz ab 1926 hatten ihre Vorgänger in Gestalt der 1921 vorgestellten Modelle 6/25/40 und 10/40/65 PS. Doppelte PS-Bezeichnungen hatte es schon vor dem Ersten Weltkrieg gegeben; die erste Zahl betraf jeweils die sogenannten »Steuer-PS« (gültig von 1906 bis 1928), wobei 261,8 ccm bei Viertaktmotoren einem Steuer-PS entsprachen. Die zweite Zahl gab die effektiven Leistungs-PS an, und beim Mercedes-Kompressormotor bezog sich die dritte Zahl auf die jeweils kurzfristig bei eingeschaltetem Lader zur Verfügung stehende Leistung.
Erst 1923 aber hatten Paul Daimler und seine Konstrukteure ihre aufgeladenen Vierzylinder soweit drehfest gemacht, daß an eine Serienfertigung gedacht werden konnte. Auf der Berliner Automobilausstellung jenes Jahres fanden beide Modelle denn auch gebührende Beachtung – nicht aber nur wegen ihrer per Kompressor erzielten Maximalleistungen von 40 oder 65 PS. Die Motoren dieser Vierzylinder waren Königswellen-Aggregate mit zwei obenliegenden Nockenwellen und v-förmig hängenden Ventilen. Mit fast 20 000 Mark handelte es sich um vergleichsweise teure Fahrzeuge, aber sie waren auch nicht dazu ausersehen, in großen Stückzahlen produziert zu werden. Vielmehr sah man in diesen Wagen potentielle Sportinstrumente.
War der 10/40/65 PS mit seinen 2,6 Liter Hubraum noch eine Art Nachfolgemodell des 1919 vorgestellten Mercedes 10/30 PS, so stellte der

Oben: Sportwagen vom Typ Mercedes 10/40/65 PS. Mit seinem Königswellen-2-ohc-Motor war dieser Wagen ein reines Sportinstrument, das in geringen Stückzahlen das Werk verließ.

Rechts: Mercedes 6/25/40 PS als Limousine von 1922. Beim Tourer kam die sportliche Charakteristik dieses Wagens etwas besser zum Ausdruck.

Unten: Roadsterausführung eines 6/25/40 PS von 1924.

10/40/65 PS als offener Tourenwagen mit umlegbarer Frontscheibe. In der Sportversion verfügte der 10/40/65 PS über Vierradbremsen.

kleinere 6/25/40 eine – wenn auch in der technischen Auslagung identische – Neukonstruktion dar, die von vornherein auf Kompressorbetrieb ausgelegt war. Seine 1568 ccm Hubraum machten ihn zum kleinsten Mercedes, den es je gegeben hatte, seine Leistung aber im Verhältnis zum Zylinderinhalt war – bei eingeschaltetem Lader – ohne Beispiel. Hier schlugen sich Erfahrungen nieder, die man bei Daimler im Flugmotorenbau gemacht hatte.
Um im Sport in der kleineren Klasse der 1,5-Liter-Voituretten an den Start gehen zu können, wurde bei einigen Exemplaren der Hubraum auf 1499 ccm reduziert (63 × 113 mm); zwei solcher Fahrzeuge mischten 1922 bei der Targa Florio mit. Später gab Rudolf Caracciola auf einem 6/25/40 PS sein Debüt als Mercedes-Rennfahrer.

Keineswegs aber sah man den 6/25/40 PS oder den 10/40/65 PS nur in Gestalt eines Renn- oder Sportwagens. Etliche Fahrzeuge wurden als Tourer oder Limousinen karossiert. Vierradbremsen erhielten allerdings nur die Sportversionen; im allgemeinen waren die Hinterradbremsen als Feststellbremse (Handbremse) ausgelegt, die Fußbremse wirkte auf die Kardanwelle. Drahtspeichen- oder Holzspeichenräder wurden je nach Wunsch montiert.
Im Unterschied zum recht schweren 28/95 PS fuhren sich die 1120 bis 1500 kg schweren Vierzylinder leicht und handlich. Die ruhiglaufende Maschine wurde nur laut, wenn man durch Niedertreten des Gaspedals bis zum Anschlag den Kompressor in Aktion treten ließ, der mit einem starken Heulton seine Funktion kundtat. Die Mehrleistung von etwa 60 Prozent konnte man zwar nur jeweils eine knappe Minute in Anspruch nehmen, um den Motor nicht zu überfordern, aber für Beschleunigungs- und Überholvorgänge, besonders am Berg, machte

sich das Plus entscheidend bemerkbar. Beim 6/25/40 PS stieg die maximal zumutbare Drehzahl dann von 2800 auf 3200 Umdrehungen pro Minute, beim 10/40/65 PS von 2400 auf 2800. Die eigentliche Wettbewerbs-Version des kleineren Modells, von dem 1923 genau 25 Exemplare gebaut wurden, figurierte übrigens als 6/25/65 PS. In das Fahrgestell des 1,5 bzw. 1,6 Liter baute man auch die größere Maschine des 10/40/65 PS ein, was ebenfalls ein leichtes, schnelles Sportfahrzeug ergab.

Die aufwendig gebauten, teuren Mercedes-Kompressorwagen mit ihren silbrig-schimmernden Auspuffrohren, die – bei jenen Modellen noch auf der linken Fahrzeugseite – aus der Motorhaube ragten, und der große 28/95 PS erbrachten der DMG-Händlerschaft nicht Umsatz genug, um davon ihre Existenz bestreiten zu können. Die vom neuen Daimler-Konstruktions-Chef Ferdinand Porsche in Konstruktion befindlichen Typen waren 1924 noch nicht zur Stelle, und fügte es sich nicht schlecht, als Ende des Jahres auch drei interessante Benz-Modelle ins Verkaufsprogramm aufgenommen wurden – ein erster sichtbarer Schritt der sich anbahnenden Fusion. Es handelte sich um den 10/30 PS, den 11/40 PS und den 16/50 PS, die beiden letztgenannten waren Sechszylinder von 2,9 und 4,2 Liter Hubraum. Der kleine 10/30 PS hatte vier Zylinder und 2,7 Liter Hubraum. Dieser und der 16/50 PS wurden auch eine Zeitlang noch in Mannheim weitergebaut, als Daimler und Benz ein gemeinsames Unternehmen bildeten, und sie figurierten kurzfristig auch als Mercedes-Benz-Typen.

Sie bewährten sich recht gut und hatten auch eine treue Käuferschaft, 1927 aber war die Ära der Benz-Wagen vorbei. Der 8/25 PS, den man in Ladenburg unter der Marke Benz Söhne gebaut hatte, war schon 1926 vom Markt verschwunden. Als Name hielt sich Benz indessen bis in unsere Zeit als Kurzformel der Doppelmarke – viele sprechen von einem »Benz«, wenn sie einen »Mercedes-Benz« meinen . . .

Motor des 10/40 PS Mercedes. Es gab dieses 2,6-Liter-Aggregat mit und ohne Aufladung. Es handelte sich um eine aufwendige Königswellen-Konstruktion.

Modell	6/25/40 PS	10/40/65 PS
Produktionszeit	1921/23–1925	1921/23–1924
Motor Bohrung/Hub/ccm	Reihen-Vierzylinder 68×108 mm, 1568 ccm	Reihen-Vierzylinder 80×130 mm, 2614 ccm
Verdichtung	5,2:1	5:1
Leistung	25 PS bei 2800 U/min 40 PS bei 3200 U/min m. Kompr.	40 PS bei 2400 U/min 65 PS bei 2800 U/min m. Kompr.
Ventile, Steuerung	hängend, 2 ohc, Königswelle	hängend, 2 ohc, Königswelle
Schmierung	Druckumlauf	Druckumlauf
Kühlung	Wasser, Pumpe	Wasser, Pumpe
Vergaser	1 Mercedes	1 Mercedes
Elektrik, Zündung	12 V, Magnet	12 V, Magnet
Kupplung	Konus	Doppelkonus
Getriebe	4-Gang	4-Gang
Lenkung	Schraubenspindel	Schraubenspindel
Fußbremse	mech. Kardan	mech. Kardan oder Vierrad
Handbremse	mech. Hinterräder	mech. Hinterräder
Chassis	Preßstahlrahmen	Preßstahlrahmen
Radstand, Spur v/h	2790, 1150 mm	3050, 1300 mm
Gesamtabmessungen	4050×1550×1550 mm (Tourer)	4350×1660×1650 mm (Tourer)
Bereifung	765×105	802×120/135
Tankinhalt	50 Liter	90 Liter
Leergewicht	1120 kg (Tourer)	1550 kg
Höchstgeschwindigkeit	100 km/h	110 km/h
Stückzahlen	ca. 250 (einschl. Rennwagen)	
Preis	RM 16 000 (Tourer)	RM 19 500 (Tourer)

Ferdinand Porsches erster großer Serienwagen unter dem Markenzeichen des Mercedessterns – und für den guten Ton sorgte wieder ein Roots-Gebläse:

Mercedes 15/70/100 PS 400

Im Jahre 1923 gab Ferdinand Porsche seine Position als Chefkonstrukteur bei Austro-Daimler in Wiener Neustadt auf, um zur Daimler-Motoren-Gesellschaft – also zur deutschen Muttergesellschaft des österreichischen Unternehmens – zu gehen. Ihm folgte übrigens ein junger Rennfahrer nach, der später zu den prominentesten Persönlichkeiten im Motorsport unter dem Zeichen des dreigezackten Sterns zählen sollte: Alfred Neubauer.

Porsches Betätigungsfeld war zunächst die Konstruktion von Rennwagen, wie ihn der neue Targa-Florio-Wagen von 1924 darstellte. Dann aber folgten einige größere Serienfahrzeuge, wobei Porsche das Leistungspotential reizte, das die Verwendung des Kompressors versprach. Hier baute er auf den Erfahrungen auf, die Paul Daimler ihm hinterließ. Dieser war vor der Ankunft Porsches von Stuttgart nach Zwickau gegangen – zu Horch, wo er bedeutende Konstruktionen schuf. Als Mitglied des Vorstands bei Daimler verfügte Porsche über außerordentliche Vollmachten – er verstand, sie seinen Anliegen nutzbar zu machen und holte sich die besten Leute, unter deren Hände Fahrzeuge wie der 15/70/100 PS entstanden. Vieles war neu an diesem Automobil, das die hauptsächlichsten konstruktiven Merkmale mit dem zur gleichen Zeit vorgestellten 24/100/140 PS teilte. Beide

Oben: Mercedes-Benz 15/70/100 PS in offener Tourenwagen-Ausführung mit Koffer, Baujahr 1927. Das Fahrzeug wurde auch als »Mercedes Typ 400« verkauft. Die glattflächige Karosserie wies keine äußeren Türgriffe auf, die Windschutzscheibe ließ sich nach vorn umlegen. Diese Wagen waren recht schwer – schon der Tourer hatte ein Leergewicht von 2,2 Tonnen.

Modell	15/70/100 PS 400 (W 836)
Produktionszeit	1924–1929
Motor	Reihen-Sechszylinder M 836
Bohrung/Hub/ccm	80 × 130 mm, 3920 ccm
Verdichtung	4,7:1
Leistung	70 PS bei 2800 U/min 100 PS bei 3100 U/min m. Kompr.
Ventile, Steuerung	hängend, ohc, Königswelle
Schmierung	Druckumlauf
Kühlung	Wasser, Pumpe
Vergaser	1 Mercedes
Elektrik, Zündung	12 V 60 Ah, Magnet
Kupplung	Mehrscheiben-Trockenkupplung
Getriebe	4-Gang
Lenkung	Schraubenspindel
Fußbremse	mech. Vierrad
Handbremse	mech. Hinterräder
Chassis	Preßstahlrahmen
Radstand, Spur v/h	3630, 1430 mm
Gesamtabmessungen	4960 × 1780 × 1950 mm (Limousine)
Bereifung	893 × 135 oder 33 × 5.00/6.75
Tankinhalt	110 Liter
Leergewicht	2400 kg (Limousine) 2200 kg (Tourer)
Höchstgeschwindigkeit	118 km/h
Stückzahlen	754
Preis	RM 23 000 (Limousine) RM 18 000 (Tourer)

Sportlich karossierter Mercedes 400 (15/70/100 PS) mit Speichenrädern und Rechtslenkung, wie sie vor 1928 noch oft zu sehen war. Es gab dieses Modell auch mit Artillerie-Speichenrädern und Niederdruckreifen.

Modelle wurden im Frühjahr 1924 der Öffentlichkeit präsentiert. Der glattflächige Monoblockmotor bildete mit dem Getriebe eine Einheit und war in drei Punkten vibrationsfrei im traditionellen Leiterrahmen aus Preßstahlprofilen aufgehängt. Vorn war der Rahmen etwas verjüngt, hinten hochgekröpft. Selbstverständlich hatte der neue Wagen Vierradbremsen, wobei die Hinterradbremsen fast doppelt so breite Trommeln wie die Vorderradbremsen aufwiesen, da die Handbremse auf ein separates Belagpaar wirkte.

Neu war beim Mercedes die Verwendung von Leichtmetall für das Kurbelgehäuse, dessen Ober- und Unterteil jetzt aus einem einzigen Block bestanden. Laufbüchsen und Zylinderkopf waren aus Grauguß, der Ventildeckel bestand wie die Kolben wieder aus Leichtmetall. Die Laufflächen der Kolben indessen waren mit Grauguß beschichtet.

Die ohc-Bauweise mit Königswelle und Kegelradantrieb hatte man beim 15/70/100 PS von den vorangegangenen Kompressormodellen übernommen. Man begnügte sich aber mit einer statt zwei Nockenwellen zur Betätigung der hängenden Ventile. Die Gemischaufbereitung besorgte ein Mercedes-Drosselvergaser. An der Stirnseite des Sechszylindermotors befand sich das Roots-Gebläse mit seinem stark verrippten Aluminiumgehäuse, in welchem zwei Wellen mit ineinandergreifenden Gebläseflügeln zu rotieren begannen, trat man das Gaspedal voll durch. Der Kompressor drückte dann zusätzliche Luft durch ein ebenfalls verripptes Rohr von unten in den Vergaser. Die

Rechts: Schnitt durch den Sechszylinder-Reihenmotor des 15/70/100 PS, ein Königswellen-ohc-Aggregat.

Der berühmte Tenor Richard Tauber fuhr lange Zeit einen in Berlin zugelassenen 15/70/100 PS mit dem Schriftzug »R. Tauber – Spezial« auf dem Spitzkühler. Der Wagen existiert noch heute.

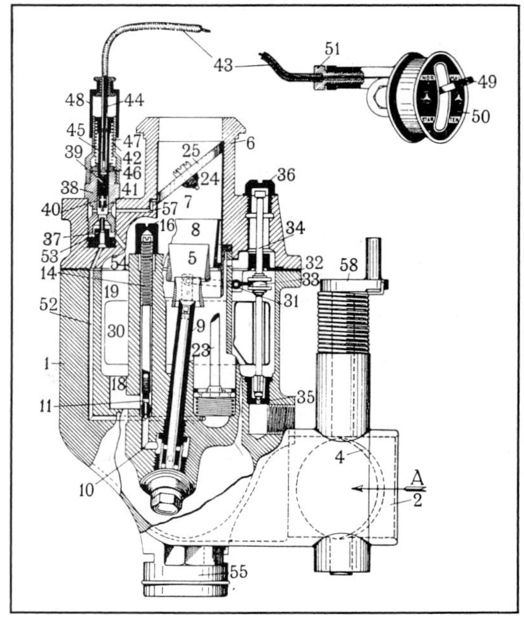

Ansaugöffnung des Vergasers schloß sich bei Inbetriebnahme des Laders. Der Antrieb des Laders geschah über eine Lamellenkupplung auf dem vorderen Ende der Kurbelwelle via Kegelräder. Nahm man den Fuß vom Gaspedal, unterbrach eine Rückholfeder an jener Kupplung den Kompressorantrieb und gab die normale Ansaugöffnung des Vergasers wieder frei.

Die Kraftstoff-Förderung erfolgte durch einen Unterdruck-Apparat, der den Sprit bei laufender Maschine aus dem 110-Liter-Tank im Wagenheck holte. Bei stehendem Motor sorgte ein genügender Vorrat in jenem Behälter für die Versorgung des Vergasers bei erneutem Anlassen. Aus diesem Vorrat wurde der Vergaser zusätzlich gespeist, wenn der Kompressor eingeschaltet war.

Durch eine Zahnradpumpe wurde die Motorschmierung bewerkstelligt, wobei im Falle eines Defektes der Ölpumpe oder bei einem Nachlassen des Öldrucks eine blaue Warnlampe am Instrumentenbrett aufleuchtete. Serienmäßig war im 15/70/100 PS auch eine Diebstahlsicherung, bestehend aus einem Zahlen-Kombinationsschloß, mit dem sich der Schalthebel des Vierganggetriebes sichern ließ. Bei rechtsgelenkten Ausführungen – 1924 noch sehr verbreitet – befand sich der Schalthebel an der rechten Wagenseite, bei linksgelenkten Fahrzeugen in der Wagenmitte.

Traditionsgemäß wies der 15/70/100 PS einen Spitzkühler aus Messing auf, an dessen beiden oberen Seiten ein (ringloser) Mercedesstern zu sehen war. Der Stern auf dem Schraubverschluß des Kühlers

Mercedes 15/70100 PS Tourenwagen von 1924. Wie seinerzeit üblich, enthielt der Sockel des Mercedessterns ein Kühlerthermometer; der Suchscheinwerfer war zugleich Rückspiegel.

hatte als Sockel ein kleines Thermometer. Kühlwasserthermometer auf dem Kühlerverschluß waren damals üblich, die Verbindung mit dem Mercedesstern war formal sehr gut gelungen. Mit Genugtuung schrieb Benno Dierfeld 1925 im *Motor,* daß es selbstverständlich sei, bei einem Wagen vom Rufe des Mercedes »Batterie- und Werkzeugkasten nicht aufs Trittbrett zu plazieren, sondern im Innern des Fahrgestellrahmens unterzubringen« – wobei auf dem oder unterhalb des Trittbretts angeordnete Behälter später wieder Stilmittel einiger Karossiers wurden, die dieser Lösung durchaus nicht den Anstrich der Behelfsmäßigkeit gaben. Die Zugänglichkeit der Batterie war nicht besser und schlechter als bei den meisten späteren Automobilen: Man mußte die hinteren Bodenbretter herausnehmen, um heranzukommen. Da man zu Wartungs- und Pflegezwecken aber ohnehin weitaus häufiger sich am Fahrgestell zu schaffen machte als dies bei heutigen Automobilen der Fall ist, war die Herausnahme der Bodenbretter im Fond keine unzumutbare Arbeit – schließlich hatten viele Mercedes-Besitzer hierfür ohnedies einen Berufs-Chauffeur, dem die Instandhaltung des wertvollen Wagens oblag.

Das damals neu eingerichtete Sindelfingener Werk stellte eine Anzahl von Standardkarosserien für Mercedes-Personenwagen her. Natürlich konnte man den 15/70/100 PS wie andere Wagen auch als Chassis ohne Karosserie kaufen und sich einen Aufbau nach individuellen Wünschen oder den Vorschlägen diverser Spezialisten bei den zahlreichen Firmen anfertigen lassen, die in ihrer Branche einen guten Ruf hatten. Mehr und mehr aber gingen in den zwanziger Jahren die Automobilhersteller dazu über, fertig karossierte Fahrzeuge anzubieten. In Sindelfingen war Regierungs-Baumeister Klemm für die Fertigung zuständig; gebaut wurden die damals sehr beliebten Tourer mit Allwetterverdeck für vier oder sechs Personen, eine Pullman-Limousine mit sechs Sitzen, eine Chauffeur-Limousine mit offenem Vorderabteil, ein Cabriolet mit vier Türen sowie ein Landaulet, ebenfalls mit sechs Sitzen. Zwei dieser Sitze waren jeweils »Notsitze«, die sich aus dem Wagenboden herausklappen ließen, doch beim Mercedes galten sie als außerordentlich komfortabel.

Viele Details fanden sowohl in der Fachpresse als natürlich auch beim Kunden wohlwollende Kritik, so etwa die kleinen Leuchten über den Trittbrettern, die sich beim Öffnen der Türen einschalteten, die aus der Rückenlehne herausklappbare Mittelarmstütze im Fond (»gepolsterte Puffe« genannt), der verstellbare Sonnen- und Regenschutz oberhalb der Windschutzscheibe, die am Wagenheck seitlich herausschwenkbaren Halter für Gepäckstücke.

Der 15/70/100 PS war mit der »sportlicheren« Hinterachs-Übersetzung 4,88 zu bekommen, die bei nicht allzu schwer karossierten Wagen eine Höchstgeschwindigkeit bis zu 118 km/h ermöglichte, oder mit einer Übersetzung von 5,33 – gut für etwa 105 bis 110 km/h. Eine vollbeladene Limousine wog schließlich über drei Tonnen. Daß bei flotter Fahrt zwischen 25 und 30 Liter Benzin auf 100 Kilometer durch den Vergaser flossen, war kein Wunder.

Oben: Von der Pariser Firma Gindine karossiertes Cabriolet auf Basis eines 15/70/100 PS. Es handelt sich um einen der letzten Wagen dieses Typs, Baujahr 1929, bereits mit außenliegenden Auspuffrohren wie beim 24/100/140 PS.

Links: Volant und Motor des Mercedes 15/70/100 PS (400).

Rechts: 15/70/100 am Tor 2 der Daimler-Werke in Stuttgart-Untertürkheim, aufgenommen im Jahre 1926.

In zahlreichen Motorsport-Wettbewerben bewährte sich der 15/70/100 PS sehr gut. Bei der Norddeutschen Zuverlässigkeitsfahrt 1925 belegte der Hamburger Privatfahrer Peter Kruse einen beachtlichen dritten Platz in der Gesamtwertung, Fritz Nallinger und Alfred Neubauer fuhren Bestzeiten ihrer Klasse bei der 1925er Robert-Batschari-Fahrt, die anläßlich der Baden-Badener Automobiltage ausgetragen wurde und über fast 2000 Kilometer führte (und von Rudolf Caracciola auf einem 24/100/140 PS gewonnen wurde). Auf der Vier-Tage-Tour des Polnischen Automobil-Clubs kam 1926 ein 15/70/100 als einziges Fahrzeug von 50 Teilnehmern strafpunktfrei ins Ziel. Nach 1930 belegte der bekannte Privatfahrer Graf v. d. Mühle mit einem 15/70/100 PS beim Kesselbergrennen einen 7. Platz in der Sportwagenklasse bis 5 Liter.

Bis Ende 1929 blieb der 15/70/100 PS im Daimler-Benz-Programm. Nur seine offizielle Bezeichnung änderte man nach der Kraftfahrzeug-Steuerreform 1928 in »Typ 400«. Im Werkscode hatte der Wagen stets W 836 geheißen, und unter dieser Chiffre lief er auch im werksinternen Schriftverkehr.

Das Flaggschiff aus Untertürkheim, von Anfang an auf Sporterfolge abonniert und Ausgangsmodell für eine Reihe von Prestige-Fahrzeugen der neuen Marke Daimler-Benz:

Mercedes 24/100/140 PS 600/630

Wie der 15/70/100 PS, wurde auch der 24/100/140 PS im Jahre 1924 vorgestellt. Beide Wagen waren unter der Leitung Ferdinand Porsches parallel entwickelt worden und glichen einander im technischen Aufbau von Fahrgestell und Antriebsaggregat. Auch der 24/100/140 PS war ein Sechszylinder, allerdings mit einem Hubraum von 6246 ccm, und seine Höchstleistung von 140 PS gab er – kurzfristig – durch Zuschaltung eines Roots-Gebläses ab, wie es auch der 15/70/100 PS aufwies.

Mit dem 6,3 Liter Mercedes knüpfte man an ruhmreiche Traditionen an. Es gab auch eine gutbetuchte Klientel für solche Fahrzeuge, im Inland wie im Ausland. Namentlich nach Großbritannien wurden eine größere Zahl von 24/100/140 PS geliefert, obwohl gerade dortzulande die einheimische Automobilindustrie hervorragende Wagen vergleichbarer Größenordnung anbot. Auch in die Schweiz, nach Nord- und Südamerika und nach Indien wurden die großen Mercedes-Automobile verkauft. Das Flaggschiff aus Untertürkheim bevorzugten auch Träger hoher Ämter und Würden, Männer wie Außenminister Stresemann oder Reichsbankpräsident Schacht wurden im 24/100/140 PS chauffiert. Reichspräsident v. Hindenburg indessen blieb der Marke Benz treu, solange es Autos dieses Fabrikats gab. Eine ganze Reihe

Oben: Der Mercedes 24/100/140 PS der Schauspielerin Charlotte Ander, Berlin, 1925. Auch dieser Wagen hat noch Rechtslenkung. Den Suchscheinwerfer hat man für die Fotoaufnahme herumgedreht. Nach sportlicher Art weist dieser Tourenwagen Drahtspeichenräder mit Zentralverschluß auf. Dem Reifenprofil maß man nicht sehr viel Bedeutung bei . . .

von Limousinen des Typs 24/100/140 PS wurden nach Genf geschickt, als dort 1926 die internationale Völkerbundkonferenz stattfand. Sie dienten als offizielle Delegationsfahrzeuge. Die Stuttgarter Automobilbauer ließen sich solche Gelegenheiten, ihre Erzeugnisse einem interessierten Publikum anläßlich großer Ereignisse vor Augen zu führen, nur selten entgehen, in den zwanziger Jahren wie auch später.
Der U-Profilrahmen aus Preßstahl unterschied sich von dem des 15/70/100 PS durch einen um 120 Millimeter verlängerten Radstand – er betrug stattliche 3750 mm, wodurch sich bei manchen Karosserien eine Aufbaulänge von 5 Metern und mehr ergab. Auch hier stattete man die Limousinen vorzugsweise mit Holzspeichenfelgen, die sportlichen Tourer und Roadster mit Drahtspeichenfelgen aus. Letztere hatten Zentralverschluß nach dem Rudge-Whitworth-System. Die Ersatzräder saßen normalerweise auf den Trittbrettern, wobei die vorderen Kotflügel keinen allzu lang ausladenden Schwung aufwiesen. Man vermied so die Ausformung einer besonderen Vertiefung in den Kotflügeln. Die Halterung des Ersatzrades war zugleich die Trittbrettbefestigung in Form eines U-förmigen Bügels.
Nicht alle 24/100/140 PS – wie auch 15/70/100 PS – zeigten jenes

Oben: 24/100/140 PS als viertüriges Cabriolet und integriertem Heckkoffer. Für die Montage eines Suchscheinwerfers ist ein Kabel am Windschutzscheiben-Pfosten sichtbar. Unten: Dreiviertel-Heckansicht des gleichen Wagens. Die Karosserie des Cabriolets entstammt Sindelfingener Produktion, das Verdeck ist mit Leder bezogen.

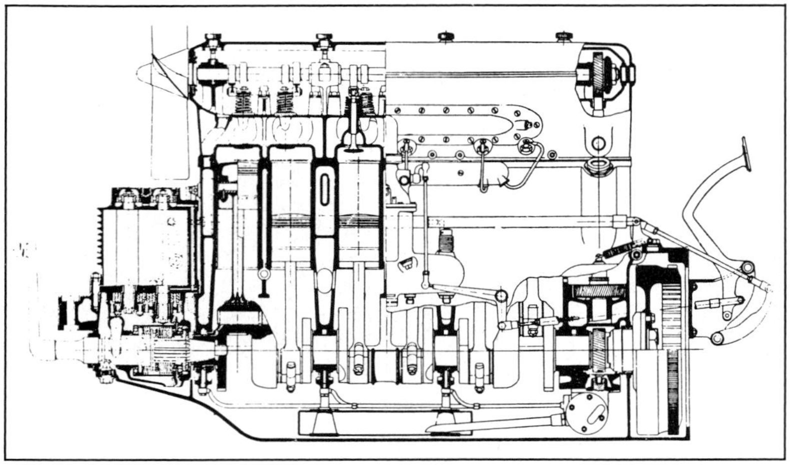

Längs- und Querschnitt durch den Sechszylinder-Kompressormotor des 20/100/140 PS. Diese Maschine ist eine Schöpfung Ferdinand Porsches.

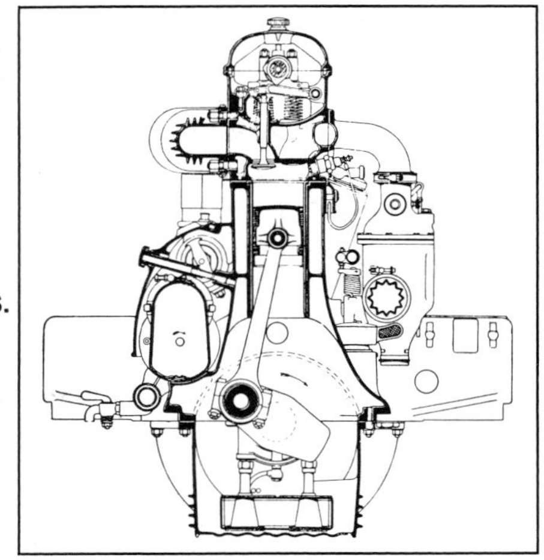

Unten: Motor des 24/100/140 PS. Vor dem Motorblock erkennt man das Gebläse. Das weit zur Chassismitte gerückte Aggregat bedingte eine lange Antriebswelle für den Lüfter, der innerhalb des gewinkelten Kühlerblocks läuft. Das Foto stammt aus dem Jahre 1926.

Modell	24/100/140 PS 600/630 (W 9456)
Produktionszeit	1924–1929
Motor	Reihen-Sechszylinder M 9456
Bohrung, Hub, ccm	94 × 150 mm, 6246 ccm
Verdichtung	4,7:1
Leistung	100 PS bei 2800 U/min 140 PS bei 3100 U/min m. Kompr.
Ventile, Steuerung	hängend, ohc, Königswelle
Schmierung	Druckumlauf
Kühlung	Wasser, Pumpe
Vergaser	1 Mercedes
Elektrik, Zündung	12 V 60 Ah, Magnet
Kupplung	Mehrscheiben-Trockenkupplung
Getriebe	4-Gang
Lenkung	Schraubenspindel
Fußbremse	mech. Saugluft-Vierrad
Handbremse	mech. Hinterräder
Chassis	Preßstahlrahmen
Radstand, Spur v/h	3750, 1430 mm
Gesamtabmessungen	5085 × 1760 × 1750 (Tourer)
Bereifung	895 × 135 oder 33 × 5.00/6.75
Tankinhalt	110 Liter
Leergewicht	2300 kg (Tourer)
Höchstgeschwindigkeit	125 km/h
Stückzahlen	ca. 395 (einschl. Sportversionen)
Preise	RM 23 800 (Tourer) RM 27 750 (Lim.)

berühmt gewordene Mercedes-Stilelement der Kompressorwagen, nämlich die nach außen geführten Auspuffrohre, die unterhalb des Kotflügels wieder zusammenliefen. Wie zeitgenössische Fotos verraten, waren die außenliegenden Rohre den Sportwagen und Cabriolets vorbehalten. Zumindest die in Sindelfingen karossierte Limousine hatte einen anderen Auspuffkrümmer und vereinigte die Rohre innerhalb der Motorhaube zu einer nach unten führenden Einheit.
Das längere Fahrgestell und der größere Motor führten beim 6,3 Liter auch zu einem höheren Wagengewicht. Sowohl bei den offenen als auch bei den geschlossenen Modellen ergaben sich Unterschiede von jeweils 100 Kilogramm. Dennoch war man auch bei einem vollbesetzten Wagen noch über 120 km/h schnell. Der Kraftstoffverbrauch stand dem des 15/70/100 PS um nichts nach, er betrug rund 25 Liter auf 100 Kilometer. Betätigte man den Lader zu oft, waren's auch ein paar Liter Kraftstoff mehr.
Der 24/100/140 PS wurde auch als Typ 600 bekannt (werksintern figu-

rierte er als W 9456), ab 1926 als Typ 630, wobei sich die Zahl auf die 6,3 Liter Hubraum bezog. Sportliche Varianten wurden für Wettbewerbszwecke ebenfalls gebaut; sie hießen 24/110/160 PS (620 K) oder 25/130/220 PS (660 K). Auch gab es heiße 26/130/180 und 26/145/270 PS-Einzelstücke, die meist bei Bergrennen eingesetzt wurden und nicht in die Hände von privaten Motorsportlern gelangten. Der Zusatzbuchstabe »K«, der hier vereinzelt auftauchte, hatte nichts mit der Tatsache zu tun, daß die Motoren mit Kompressoren bestückt waren. Das »K« stand für »kurz« in bezug auf den Radstand der betreffenden Fahrzeuge, zumindest bei diesen Wettbewerbswagen (wie beim SSK Super-Sport kurz und SSKL Super-Sport kurz leicht bedeutete). Den langen Radstand des 24/100/140 PS hatte man bei den K-Typen auf 3400 mm reduziert.
Als Spitzenmodell einer berühmten Automobilfabrik fand der große, starke Sechszylinder überall ehrfurchtsvolle Beachtung. Sporterfolge

Oben: Dreipositions-Cabriolet auf Basis eines Mercedes 24/100/140 PS, das 1926 nach England geliefert wurde. Rückspiegel und Positionslampen scheinen britischer Herkunft zu sein.

Links: Fahrgestell mit geschlossener (und absperrbarer) Motorhaube des Wagens, dessen Maschine auf der gegenüberliegenden Seite zu sehen ist.

mit serienmäßigen wie mit den erwähnten Spezial-Ausführungen taten ein übriges, das Renommée der Marke Mercedes – und ab 1926 Mercedes-Benz – weiter zu festigen. In den Annalen des Motorsports ist nicht immer festgehalten worden, in welchen Fällen normale 600 bzw. 630 eingesetzt wurden und wann werkspräparierte Exemplare den Sieg davontrugen; man darf indessen davon ausgehen, daß Werksfahrer wie Sailer oder Caracciola stets die Superversionen steuerten. Privatfahrer aber wie Anselmo Cesaroni, Graf Berckheim, Ernst-Günther v. Wentzel fuhren mit Sicherheit Serienwagen. Auch jenen Sieg bei der Großen Internationalen Automobilfahrt des Königlich Ungarischen Automobil-Clubs im Juni 1925, den Erzherzog Josef von Österreich (gefolgt von Graf Anton Esterhazy im 15/70/100 PS) sowohl in der Bergprüfung als auch im Flachrennen errang, darf man einem normalen 600 zuschreiben. Bei der Österreichischen Alpenfahrt jenes Jahres, die über 2280 Kilometer führte und an Strapazen nichts zu wünschen übrigließ, schlugen sich die 24/100/140 PS ausgezeichnet. Graf v. Berckheim wurde Zweiter beim Katschbergrennen und erhielt die Silberne Alpenplakette. Berckheim wurde auch Sieger beim Zirlerbergrennen 1925, Caracciola indessen beim Freiburger Bergrennen und beim Klausenpaßrennen (Tourenwagen über 5 Liter), dicht gefolgt von Alfred Neubauer, der damals noch immer selber fuhr. Die Mannschaft Otto Merz/Walter Gärtner holte sich auch den Sieg beim Großen Preis von Europa für Tourenwagen über 5 Liter. Ihr Schnitt: 101,8 km/h. Die Männer hatten sogar Ballast an Bord ihres 600 nehmen müssen, weil das Auto nicht der Mindestgewichtsanforderung entsprach. Christian Werner und Willy Walb, zwei weitere bekannte Mercedes-Champions, kamen bei diesem 12-Stunden-Rennen in einem identischen Wagen auf den zweiten Platz. Die Wagen waren unter der neuen Markenbezeichnung Mercedes-Benz gestartet – und die Erfolge waren ein guter Auftakt für weitere Sportaktivitäten unter dem kombinierten Zeichen des Dreizacksterns im Lorbeerkranz.
Daß Daimler und Benz mittlerweile zu einem großen, gemeinsamen

Serienfertigung von 24/100/140 PS in Untertürkheim 1924. Hier werden die Auspuffrohre noch nicht seitlich aus der Motorhaube herausgeführt, wie dies etwa von der zweiten Jahreshälfte 1926 an üblich wurde.

Unternehmen mit vier verschiedenen Produktionsstätten (Stuttgart-Untertürkheim, Sindelfingen, Mannheim und Gaggenau) verschmolzen waren, hatte man überall mit optimistischen Erwartungen verknüpft. Beide Autofabrikate hatten sich über Jahrzehnte einen ausgezeichneten Ruf erworben. »Das auffälligste und jedem Besucher der Mercedes-Benz-Werke in die Augen springende Erlebnis ist das Qualitätsprinzip, das alle anderen Gesichtspunkte in den Hintergrund rükken ließ«, schrieb *Motor und Sport* Ende 1927. »Die konstruktive Durchbildung der Fahrzeuge und deren maschinelle Ausführung findet peinlichste Beobachtung in allen Stadien der Fabrikation. Fortgesetzte Kontrollen und umfassende chemische und technologische Prüfverfahren finden Anwendung, um eine möglichst gleichmäßige,

Oben: 1929 gebautes Landaulett auf Basis eines 24/100/140 PS. Die Karosserie stammt von der Ludwigsburger Firma Balzer.

Links: Limousine mit Separation und Kutschentürgriffen, etwa 1925.

Unten: Tourer mit amerikanischem Verdeck und zweiter Windschutzscheibe für die Fond-Passagiere. Dieser 14/100/140 PS stammt von 1926.

hohe Qualitätsstufe aller Serienerzeugnisse sicherzustellen ... Wer Gelegenheit hatte, sich die Herstellung der Karosserien anzusehen und zu verfolgen, wird von der Sorgfalt und liebevollen Behandlung jedes einzelnen Teils einen uneingeschränkten Respekt bekommen haben.« Der Berichterstatter schrieb über den sieben- bis neunmaligen Spachtelauftrag und die endlosen Schleifprozesse, die jede einzelne Karosserie durchzumachen hatte, ehe sie in »Glanz und Vollkommenheit erstrahlt, wie wir sie nur bei Mercedes-Benz und einigen wenigen Auserlesenen antreffen«.

In den Fahreigenschaften bescheinigte man den Mercedes-Wagen »typisch amerikanische« Verhaltensweisen – vielleicht kein Kompliment in den Ohren deutscher Automobilbauer zu einer Zeit, als sie

über die »Billig-Importe aus dem Ausland« wenig gute Worte fanden, bedrohten sie ihre Existenz doch zunehmend. Zwar zogen die Journalisten von *Motor und Sport* nur positive Vergleiche, lobten die guten Laufeigenschaften des Motors, das Beschleunigungsvermögen, die Elastizität, aber bei Daimler-Benz wie andernorts war man sich längst einig, daß die großen und preiswerten Amerikaner, die in Gestalt edler Lincoln, Packard oder Cadillac herüberkamen, gewisse Maßstäbe setzten hinsichtlich Leistung und Verarbeitung in Relation zum Anschaffungspreis. Bei den kleineren Fahrzeugen mochte dies anders aussehen, und hier war es meist auch nur der Preis, der den Anreiz zum Kauf bot.

Daß man vom Bau und Absatz großvolumiger Kompressor-Wagen der Luxusklasse allein nicht existieren konnte, war den leitenden Männern von Daimler-Benz durchaus klar. Aber es gab lange Zeit keine gemeinsam getragenen Konzeptionen für das Projekt eines kleineren, volksnäheren Automobils. Ferdinand Porsche, so hieß es später oft, habe sich für den Bau eines kleinen Mercedes starkgemacht, sei aber auf Widerstand gestoßen. Doch allzu sehr hielt er am großen, schnellen Tourenwagen fest, und es waren seine Vorstandskollegen, die ihn immer wieder bedrängten, die Entwicklung eines Wagens voranzutreiben, mit dem sich verlorenes Terrain alsbald zurückerobern ließe.

Oben: 16/50 PS Benz 1924 (hinten), daneben Mannheim- und Stuttgart-Modelle zum Vergleich. Die Aufnahme entstand im Juli des Jahres 1927, also ein Jahr nach der Fusion der Firmen Daimler und Benz.

Unten: Ferdinand Porsche (links) und Hans Nibel, die beiden führenden Konstrukteure jener Zeit.

Mercedes 24/100/140 PS mit zweisitziger Roadster-Karosserie, ein reizvoller, allerdings schwerer Sportwagen, der 1925 über 25 000 Reichsmark kostete, aber auch an die 120 km/h schnell war. Dieses Exemplar – mit Zentralverschluß-Holzspeichenrädern und ohne Trittbretter – gehört zum Bestand des Daimler-Benz-Museums in Stuttgart-Untertürkheim.

Mit diesem Modell schuf Daimler-Benz den schnellsten Serienwagen der Welt. Sportinstrument, Alltagsfahrzeug und Repräsentations-Automobil in einem:

Mercedes-Benz 24/110/160 PS Modell K

Wie bereits erwähnt, gab es vom 24/100/140 PS einige sportliche Versionen mit kürzerem Fahrgestell und in der Leistung angehobenen Motoren. Daraus entstand eine 1926 vorgestellte neue Modellreihe, die besonders für die Freunde schnellen Reisens gedacht war. Der 24/110/160 PS, Modell K, wurde stets – wie sein Kennbuchstabe aussagt – mit dem kurzen Fahrgestell geliefert, dessen Radstand 3400 mm betrug. Gleichwohl baute man aber nicht nur Sportwagen auf der Basis dieses Chassis, sondern auch Limousinen und geräumige Pullman-Cabriolets. Der typische K Wagen aber ist ein Tourer oder Roadster, und so entstanden auf dem kurzen Fahrgestell auch die schönsten Zweisitzer-Karosserien.
In seinen Basisdimensionen von 94 × 150 mm entsprach der K Motor dem des – parallel weitergebauten – 24/100/140 PS. Nur hatte man durch Anhebung der Verdichtung von 4,7:1 auf 5,0:1 die Nennleistung auf 100, bei zugeschaltetem Kompressor auf 160 PS angehoben. Eine nur mit 3,28 übersetzte Hinterachse trug ebenfalls dazu bei, daß der K hohe Endgeschwindigkeiten erreichte. Es gab auch Übersetzungen von 3,00 – so lief dieses Modell bis zu 150 km/h. Im Gesamtgewicht brachte der K um die 300 Kilogramm weniger auf die Waage als ähnlich karossierte 600/630. Im Preis waren sie in etwa gleich; ein

Oben: Ein rechtsgelenkter Tourenwagen vom Typ 24/110/160 PS (K Modell), gebaut 1927. Auch dieses Fahrzeug erhielt man wahlweise mit Draht- oder Holzspeichenrädern; erstere wiesen Zentralverschluß (System Rudge-Whitworth) auf. Als offener Tourer lief das K Modell an die 145 km/h.

K Tourer kostete 26000, ein offener 24/100/140 PS rund 24000 Mark. Bestellte man den längeren Wagen mit dem stärkeren Motor des K, so glich ein Aufpreis von 2000 Mark die Differenz vollends aus. Es machten übrigens zahlreiche Kunden von dieser Möglichkeit Gebrauch, die 1929, dem letzten offiziellen Baujahr beider Modelle, offeriert wurde. Die zusätzlichen Pferdestärken sollten schwerere Aufbauten verkraften helfen, die man nur allzu oft auf das lange Chassis setzte. Als K Wagen wurden deshalb oft sowohl jene mit dem langen Fahrgestell und dem stärkeren Motor als auch jene kürzer gebauten Fahrzeuge bezeichnet, was etwas irreführend ist. Die richtige Bezeichnung für die langen Versionen mit dem stärkeren Aggregat muß lauten: 630 mit K Motor.

Mit Fug und Recht konnte Daimler-Benz behaupten, mit dem Modell K den schnellsten Serienwagen der Welt auf die Räder gestellt zu haben. Das Fahrzeug erlaubte überdurchschnittlich hohe Etappenwerte bei Fernfahrten, hinzu kam die ebenfalls viel gelobte Wendigkeit, die beim Befahren schwieriger Alpenpässe von großem Vorteil war. Beim Internationalen Klausenrennen in der Schweiz fuhr Carracciola 1926 mit 121,1 km/h die Tagesbestzeit aller Tourenwagen, gefolgt von Otto Merz, ebenfalls auf einem K Wagen, mit 120,8 km/h. Beim Winterbergrennen des gleichen Jahres siegte Graf Berckheim in der Sport- wie in der Tourenwagenklasse, Georg Zettritz gehörte zu den wenigen Strafpunktfreien auf der 1926er Reichsfahrt des ADAC, die über 2320 Kilometer führte. Am Semmering war es wieder Caracciola, der mit 74,7 km/h auf dieser schwierigen Strecke Tourenwagen-Sieger wurde und damit den Großen Bergpreis von Österreich errang.

Die Liste der Sporterfolge geht noch weiter. Beim Ecce-Homo-Bergrennen im September 1926 siegte Graf Berckheim wieder in der Tourenwagenklasse, bei den Sportwagen Ernst-Günther v. Wentzel. In heimatlichen Gefilden gewann Willy Walb den Staatspreis auf der Solitude, Hausstrecke der Stuttgarter, mit 96,6 km/h. 1927 wurde der Privatfahrer H. Hürlimann aus Zürich Tourenwagen-Sieger des Kilometer-Rennens bei Genf, Carlos Zatusek, Buenos Aires, gewann eine Reihe von Wettbewerben in Argentinien, so auch die 500 Meilen von 1928. Besonders stolz war man bei Daimler-Benz über den Erfolg Dr. Crailsheimers, der bei der ADAC-Reichs- und Alpenfahrt auf einem K Wagen die Goldene Medaille nach Hause fuhr (gefolgt von dem Berliner Erwin Sander auf einem kleinen Mercedes 8/38 PS). Die berühmte Automobilwoche von St. Moritz im Sommer 1929 sah einen K Wagen als Sieger aller Tourenwagen; Mercedes-Benz gewann damals fast alles, was auf dem Programm stand. Auch in der Schönheitskonkurrenz gab es für Mercedes-Benz-Automobile nichts als Ehrungen: Erste Preise für die beste Serienkarosserie, für die beste Spezialkarosserie – vier von fünf Ersten Preisen wurden ihnen zugesprochen.

Ganz oben ein von Hibbard & Darrin (Paris) karossiertes K Cabriolet von 1927, darunter ein zweisitziges Cabriolet aus gleichem Hause mit polierten Aluminiumscheiben auf den Drahtspeichenfelgen. Unten ein in Sindelfingen karossierter K Tourenwagen vor einem Hotel in Zürich, 1928.

Der Stuttgarter Brauerei-Inhaber Dinkelacker bestellte sich für seinen K Tourer einen Aluminiumkoffer, der aufs Trittbrett montiert wurde (angefertigt von Hengerer und Gimm in Stuttgart), davor ist ein Kraftstoff-Reservebehälter festgeschnallt.

Modell	24/110/160 PS Modell K (W 9456 II)
Produktionszeit	1926–1929
Motor	Reihen-Sechszylinder M 9456
Bohrung, Hub, ccm	94×150 mm, 6246 ccm
Verdichtung	5,0:1
Leistung	110 PS bei 2800 U/min 160 PS bei 3100 U/min m. Kompr.
Ventile, Steuerung	hängend, ohc, Königswelle
Schmierung	Druckumlauf
Kühlung	Wasser, Pumpe
Vergaser	1 Mercedes
Elektrik, Zündung	12 V 75 Ah, Magnet
Kupplung	Mehrscheiben-Trockenkupplung
Getriebe	4-Gang
Lenkung	Schraubenspindel
Fußbremse	mech. Saugluft-Vierrad
Handbremse	mech. Hinterräder
Chassis	Preßstahlrahmen
Radstand, Spur v/h	3400, 1430 mm
Gesamtabmessungen	4735×1760×1750 (Tourer)
Bereifung	33×5.00/6.75 oder 34×7.25
Tankinhalt	110 Liter
Leergewicht	2000 kg (Tourer)
Höchstgeschwindigkeit	145 km/h
Stückzahlen	276
Preis	RM 26 000 (Tourer)

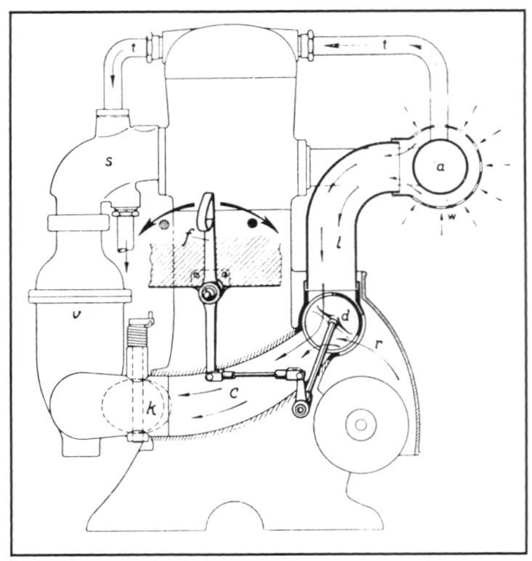

Schema der Gemisch-Vorwärmung beim Motor des 24/110/160 PS, eine zu ihrer Zeit recht ungewöhnliche Einrichtung.

Überhaupt bemühten sich die großen und kleinen Karossiers, die Ende der zwanziger Jahre noch einmal einen wahren Boom zu verzeichnen hatten (ehe die Großserienfertigung und die Einführung von selbsttragenden Karosserien ihr Gewerbe allmählich zu einer brotlosen Kunst werden ließen), auf den Fahrgestellen der 24/100/140 PS und 24/110/160 PS besonders formschöne Aufbauten entstehen zu lassen. In Deutschland waren dies Erdmann & Rossi sowie Jos. Neuss (eine Firma, die 1933 mit Erdmann & Rossi verschmolz) in Berlin, Papler in Köln, Gläser in Dresden oder Baur in Stuttgart. Bildhübsche Aufbauten entstanden aber auch im Ausland. Zu den prominentesten Karosseriebauern, die sich des K Modells annahmen, gehörten Cas-

24/110/160 PS als zweisitziger Roadster, 1927 an einen New Yorker Bankier geliefert. Unterhalb des Trittbretts befindet sich ein Werkzeugkasten, die Motorhaube weist eine Oberfläche mit Hammerschlageffekt auf.

Links: Hinterachse, Hebelstoßdämpfer und Kraftstofftank (normalerweise 110 Liter fassend) des Mercedes-Benz K.

Den Staatswagen vom Modell K für den König von Albanien schmückten auf dem Kühlerverschluß eine Adlerfigur sowie zwei Rehbock-Köpfe auf den versilberten Zeiss-Scheinwerfern.

Ganz oben: Reisefertig für die Große Fahrt: K Wagen 1927 mit in Segeltuch gehüllten Koffern auf dem Trittbrett. Der viersitzige Sportwagen darunter hat an der Fahrerseite weder Tür noch Armausschnitt.

Unten: K Tourenwagen mit separaten, an den Seiten extrem tief ausgeschnittenen Einzelcockpits. Der Wagen von 1927 befindet sich heute in der Harrah's Collection, Reno/Nevada (USA).

Oben: Auch dieser Wagen, Baujahr 1927, ist ein in Sindelfingen karossierter Tourer und steht heute in einer amerikanischen Privatsammlung.

Oben: Von Castagna karossiertes, viertüriges K Cabriolet. Die beiden Hälften der Windschutzscheibe sind einzeln ausstellbar.

Rechts: Von Deutsch, Köln, angefertigtes Zweitüren-Cabriolet auf Basis eines Mercedes-Benz K von 1927. Lüftungsschlitze auf der Oberseite der Motorhaube findet man beim K Modell nur selten.

Oben: Fahrgestell des K Wagens, dessen Radstand 3,40 m betrug.
Links: Tourenwagenverdeck in hochgeklappter Position.

Links: Bei aufgesetztem Tourenwagenverdeck wurde das Rückteil heruntergeknöpft; einsteckbare Seitenteile machten den Wagen zu einem wetterunabhängigen Reisefahrzeug.

Oben: Der viertürige Standard-Tourenwagen mit geschlossenem Verdeck.

Rechts: Pullmann-Cabriolet von Neuss, Berlin, auf Basis eines 24/100/140 PS mit dem 6,3-Liter-K-Motor. Das Foto stammt aus dem Jahr 1929.

tagna in Mailand und Farina in Turin; Vanden Plas und d'Ieteren Frères in Brüssel; Corsica, Park Ward und Freestone & Webb in London; Köng in Basel und Saoutchik in Paris. Ebenfalls in Paris ansässig war die Firma Hibbard & Darrin, die attraktive Cabriolets – zwei- bis sechssitzig – auf lange und kurze Fahrgestelle der 100/110-PS-Reihe setzte.

Das Sindelfingener Standard-Karosserie-Programm umfaßte vier- und sechssitzige Tourenwagen auf beiden Fahrgestellen, ein viertüriges Cabriolet (das besonders oft Schönheitspreise errang), eine Pullman-Limousine, eine Coupé-Limousine mit einem Dach über dem Fahrerabteil, das sich öffnen ließ, und ein Landaulet. Natürlich wurden auch im Daimler-Benz-eigenen Karosseriewerk spezielle Kundenwünsche erfüllt, vor allem in bezug auf die Ausgestaltung des Interieurs. Eine prosperierende Zubehörindustrie bot Koffer aller Dimensionen für die Gepäckbrücke (oder fürs Trittbrett) an, es gab zusätzlich montierbare Stoßstangen mit dicken Gummischlangen als Stoßabsorber, und zu

den Selbstverständlichkeiten gehörte der Suchscheinwerfer mit eingebautem Rückspiegel. Innenspiegel benutzte man nur selten, dafür um so mehr Springrollos vor dem Heckfenster, aber auch vor den hinteren Seitenfenstern. So mancher Passagier wünschte im feinen Wagen inkognito zu reisen.
Der große Mercedes mit kurzem Chassis wurde in keinen dreihundert Exemplaren gebaut und blieb daher ein Exklusiv-Automobil, das zumindest im Inland kaum Konkurrenz zu befürchten hatte. Vergleichbare Fahrzeuge kamen höchstens von Maybach, jener Firma in Friedrichshafen am Bodensee, die 1921 mit dem Automobilbau begonnen hatte und mit einem 5,8 Liter – das war der Typ W 3 – ein dem

Das Foto oben links zeigt ein von der Firma Vanden Plas gebautes Zweitüren-Cabriolet mit integriertem Koffer, um 1928. Rechts daneben das luxuriöse Interieur einer von Farina (sen.) gebauten Limousine mit zusätzlichen Klappsitzen und elektr. Kommandoübertragung zum Chauffeur. Auch dieser Wagen hat das lange Chassis des 24/100/140. Untere Bildreihe: Interieur einer Coupé-Limousine von Saoutchik und der gleiche Wagen in seiner ganzen Größe – 5,80 m lang und mit vielen eigenwilligen Details. Das Dach des Fahrerabteils ließ sich aus dem Mittelteil herausziehen.

Rechts: Ein Vanden Plas-Cabriolet von 1928, ähnlich dem Wagen auf der gegenüberliegenden Seite außen.

Links: Zwei von Saoutchik gebaute Cabriolets mit langem Radstand (3750 mm) des 24/100/140 PS, versehen mit K-Motor. Die rundlichen Heckformen sind typisch für Saoutchik. Bei fest montiertem Trittbrettkoffer ließ sich die Fahrertür nicht mehr öffnen. Die Seitenscheiben beider Modelle sind voll versenkbar.

Ein in London karossierter K Tourenwagen, bestimmt für einen arabischen Potentaten (1927). Schuljungen umlagern das Fahrzeug vor seiner Ablieferung.

Mercedes-Benz K vergleichbares Fahrzeug anbot. Mit seinen relativ bescheidenen 72 PS aber war der große Maybach bei weitem nicht so sportlich wie ein Mercedes, wenngleich der W 3 an Qualität und Komfort dem Auto aus Stuttgart in nichts nachstand. Auch im Preis durfte man die beiden Fahrzeuge vergleichen: Mit 24 000 Reichsmark war der Maybach fast ebenso teuer wie der K Wagen. Übrigens baute auch Opel damals einen großen Reisewagen, der zwar an den Standard

Ganz oben: Modell K in Standard-Tourenwagen-Ausführung und aufgesetztem Heckkoffer. Fünf K Wagen wurden noch 1930 (wie dieses Exemplar) gebaut.

Die beiden unteren Fotos zeigen einen 1928er Tourer (links) und einen solchen von 1930 (rechts) mit Papler-Karosserie. Die vorderen Seitenfenster wurden aufgesteckt und ließen sich beim Öffnen der Tür mitschwenken.

Rechts: Viersitziges, zweitüriges Cabriolet, dessen Aufbau von Erdmann & Rossi stammt. Fahrzeuge aus diesem Hause zeichneten sich durch besondere Eleganz aus.

Unten: Auf dem Chassis mit langem Radstand basiert auch dieser offene Mercedes von 1927 mit K-Motor. Im Wagenboden des Fonds sind zwei Klappsitze untergebracht.

Oben: Von der Londoner Firma Park Ward karossierte Limousine mit K-Motor. An der rechten Seite gab es nur eine Tür – allerdings mit besonders tief heruntergezogenem Einstieg zum Fond des Wagens.

Zu einer Zeit, in der nur in den seltensten Fällen ein Automobil über einen in die Karosserie einbezogenen Kofferraum verfügte, galt der separate Außenkoffer (der meist einen Satz eigentlicher Reisekoffer enthielt) als selbstverständlich. Ganz oben links ein Heckkoffer an einem von Castagna karossierten K Wagen, dessen Haltstangen mit kleinen Rändelschrauben angezogen wurden; in der Mitte Heckpartie eines Gläser-Cabriolets, rechts Heckpartie bei herausgenommenem Kofferdeckel an einer Sindelfingener Karosserie.

Links: Zwei Heckgestaltungen an K Wagen von 1926. Der obere Wagen ist mehr ein Sport-, der untere ein (viersitziger) Tourenwagen.

eines Mercedes-Benz der teuren Kategorie nicht herankam, mit seinem Sechsliter-Achtzylindermotor aber ein wahrer Gigant war. Mit einer Leistung von 100 PS und einer Spitze von beachtlichen 120 km/h war der Opel Regent ein starkes Kaliber. Allerdings erschien dieser Wagen erst etwas später, als der K schon länger auf dem Markt war. Diesem Fahrzeug wurde der Opel als Konkurrent auch kaum gefährlich – er wurde in nur ganz geringen Stückzahlen gebaut.
Noch ein relativ großer Wagen verdient hier Erwähnung: Joswin. Er wurde in den Jahren 1921–1924 in Berlin gebaut. Die Firma Josef Winsch bestückte ihre Autos mit Motoren, die sie von Daimler aus Stuttgart bezog – es waren 28/95-PS-Aggregate. Eindrucksvolle Boliden, 125 km/h schnell, extravagant in ihrer Erscheinung – aber Außenseiter. Man nimmt an, daß keine 30 Stück das kleine Werk in Berlin-Halensee verließen.

24/100/140-PS-Wagen in der Untertürkheimer Ausstellungshalle der Daimler-Motoren-Gesellschaft. Ab 1928 wurde gegen 2000 Mark Aufpreis dieses Modell auch mit dem Kompressor-Motor des K Wagens versehen, was dem schwergewichtigen Fahrzeug ein Plus an Beschleunigungsvermögen brachte.

Links: K Tourenwagen mit Werkskarosserie, aufgenommen 1929 in der City von New York.

Neue Dimensionen, neue Käuferkreise, neue Erfahrungen – der kleine Zweiliter hatte einen schweren Start, war aber dennoch der realisierbare Traum vom eigenen Mercedes-Benz für den »Herrenfahrer«:

Mercedes-Benz 8/38 PS

Ferdinand Porsche, mit dem Zusammenschluß der Unternehmen Daimler und Benz zum Chef des zentralen Konstruktionsbüros der Daimler-Benz AG ernannt, sah als Zielsetzung seines Schaffens zunächst einmal die Vervollkommnung des Kompressormotors. Dabei waren es nicht allein die großen Sechsliter, die Porsche im Sinn hatte, sondern auch Motoren mit kleinerem Hubvolumen – Experimente, die viel Geld verschlangen, wie auch die Entwicklung von Flugmotoren, die unter der Leitung Porsches ernsthaft vorangetrieben wurde. Auch bei Austro-Daimler in Österreich waren unter Porsche leistungsfähige Flugmotoren entstanden.

Weitaus vordringlicher aber, so befand der Aufsichtsrat, war die Entwicklung eines preiswerten Mittelklassewagens – eine Aufgabe, der sich Porsche mit nicht so großem Enthusiasmus annahm wie er vorgab. Die von Benz gekommenen Vorstandmitglieder Wilhelm Kissel und Hans Nibel hatten sich – schon vor der Fusion mit der DMG – für einen Wagen unter zwei Liter Hubraum ausgesprochen, möglichst als Schwingachser ausgelegt, der in Serien von 1000 Stück gebaut werden sollte. Um solche Fertigungskapazitäten schaffen zu können, hätte es hoher Bankkredite bedurft, die man aber nicht aufnehmen wollte.

Jedoch auch ohne Millionenkredite entstand im Sommer 1925 der Prototyp eines Zweiliterwagens, und zwar alternativ als Vier- und als Sechszylinder. Wegen seiner kultivierteren Laufeigenschaften fiel die Entscheidung zugunsten des Sechszylinders. Für die Serienherstellung dieses Wagens wurden im Winter 1925/26 alle Maßnahmen getroffen, wenngleich es auch nicht zu ausgesprochenen Großserien kam. 1926 entstanden zunächst 1425 Exemplare, 1927 waren es 4788. Gemäß der gültigen Steuerformel war es ein 8-PS-Wagen, im Verkauf hieß er 8/38 PS. Gleichzeitig war ein Fahrzeug mit 1392-ccm-Motor entstanden, genannt 5/25 PS. Es handelte sich um ein Versuchsmodell, das aber zu keinen befriedigenden Ergebnissen führte. Der kleine Motor war ein kopfgesteuerter Sechszylinder und litt an einer Reihe von Mängeln, die man offensichtlich nicht in den Griff bekam. Noch im Herbst 1927 – als es den 8/38 PS längst zu kaufen gab – liefen einige dieser 5/25 PS auf dem Nürburgring im Dauertest, und eine Serie von 25 geschlossenen und fünf offenen Fahrzeugen wurde an »Herren, die dem Konzern nahestanden« (so Aufsichtsratsvorsitzender Dr. v. Stauss) unter der Bedingung abgegeben, »daß sie in gewissen Abständen dem Werk Untertürkheim über ihre Erfahrungen berichten müssen«. Auch durften diese Wagen nicht weiterverkauft werden.

Anfangs gab es auch viele Reklamationen beim 8/38 PS. Es wurde über Ventilschäden, Getriebeprobleme und ungleichmäßig ziehende Bremsen geklagt. Der Zweiliter hatte einen schweren Start. In einem Prüfungsausschuß wurde viele Jahre später festgestellt, daß die Daimler-Benz AG mindestens sechs Millionen Mark für Nachbesserungen opfern mußte, da fast alle Reparaturen am 8/38 PS – zumindest in den ersten beiden Produktionsjahren – auf dem Kulanzwege durchgeführt wurden. Diese Probleme waren es auch, die Ferdinand Porsche das Leben nicht gerade leichter machten, so daß er sich veranlaßt sah, seine Position bei Daimler-Benz aufzugeben. Er wechselte 1929 zu Steyr über.

Elektrische Scheibenwischer waren gegen Ende der zwanziger Jahre gang und gäbe, das Boschhorn schon länger. Fast alle Sportwagen versah man mit umlegbaren Windschutzscheiben. Cabriolets und Tourer wiesen meist eine in der Senkrechten geteilte Frontscheibe auf, deren Seiten sich einzeln nach vorn ausstellen lassen konnten, die Limousinen erhielten eine in der Waagrechten geteilte Scheibe, deren oberer Teil auszustellen war. Man fuhr häufig mit leicht ausge-

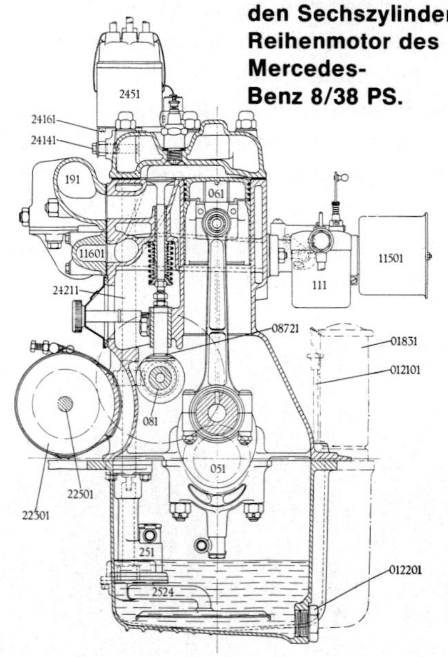

Schnitt durch den Sechszylinder-Reihenmotor des Mercedes-Benz 8/38 PS.

Gegenüberliegende Seite: An der AvD-Kartellfahrt im Juni 1927 nahmen unter anderem auch acht der neuen 8/38 PS teil, wovon sechs strafpunktfrei ins Ziel gelangten. Nur 29 von 53 Fahrern beendeten die 3000-Kilometer-Deutschland-Tour. Am Steuer des Wagens Nr. 52 Dr. Crailsheimer aus Stuttgart.

Modell	8/38 PS (W 02)	Stuttgart 200 (W 02)
Produktionszeit	1926–1929	1929–1933
Motor	Reihen-Sechszylinder M 6506	Reihen-Sechszylinder M 02
Bohrung, Hub, ccm	65×100 mm, 1988 ccm	65×100 mm, 1988 ccm
Verdichtung	5,00:1	6,2:1
Leistung	38 PS bei 3400 U/min	38 bei 3200 U/min
Ventile, Steuerung	stehend, 1 seitl. Nockenwelle	stehend, 1 seitl. Nockenwelle
Schmierung	Druckumlauf	Druckumlauf
Kühlung	Wasser, Pumpe	Wasser, Pumpe
Vergaser	1 Zenith 30 HKG	1 Solex 30 MOHLT bzw. 30 BFLH
Elektrik, Zündung	12 V 40 Ah, Batteriezündung	12 V 45 Ah, Batteriezündung
Kupplung	Einscheiben-Trockenkupplung	Einscheiben-Trockenkupplung
Getriebe	3-Gang	3-Gang (wahlw. m. Schnellgang)
Lenkung	Schraubenspindel	Schraubenspindel
Fußbremse	mech. Vierrad	mech. Vierrad
Handbremse	mech. Hinterräder	mech. Hinterräder
Chassis	Preßstahlrahmen	Preßstahlrahmen
Radstand, Spur v/h	2810, 1420 mm	2810, 1430 mm
Gesamtabmessungen	4060×1680×1800 mm (Limousine)	4075×1710×1800 mm (Limousine)
Bereifung	775×145 oder 30×5,25/5.75	5,25–20
Tankinhalt	45 Liter	45 Liter
Leergewicht	1250 kg (Limousine)	1300 kg (Limousine)
Höchstgeschwindigkeit	75–80 km/h	80 km/h
Stückzahlen	10 504	6450
Preise	RM 7800 (Tourer) RM 9800 (Cab. A) RM 6900 (Limousine viertürig)	RM 6800 (Tourer) RM 5980 (Lim. 1931) RM 5000 (1932)

stellten Scheiben, um frische Luft in den Wagen zu bekommen. Dadurch vermied man ein Beschlagen der Scheiben, und da Wagenheizungen sowieso fast unbekannt waren oder sich auf Geräte beschränkten, die allenfalls für lauwarme Schuhsohlen sorgten, gab es auch keine Probleme entweichender Warmluft aus dem Wageninnern. Man pflegte sich in den kühleren Jahreszeiten etwas wärmer zu kleiden, wenn man ausfuhr – auch in der Limousine. Der lange, warme Fahrermantel und die Lederkappe waren für den Chauffeur eines offenen Wagens eine Selbstverständlichkeit, 1928 wie schon 1908 oder früher; nur im Sommer erlaubte man sich die Annehmlichkeit leichterer Autler-Garderobe.

Vom 24/100/140 PS sind von 1926 bis 1929 etwa 295 Exemplare ausgeliefert worden, mit dem kurzen Fahrgestell 276, davon die letzten fünf im Jahre 1930. Wieviele Wagen mit dem längeren Fahrgestell einen der leistungsstärkeren Motoren der 110-PS-Version erhalten haben, ist nicht überliefert.

Ein neuerliches Kleinwagen-Projekt wurde nicht in Angriff genommen. Man beließ es bei der nach und nach vorgenommenen Verbesserung des 8/38 PS. Einen 1,4 Liter oder 1,6 Liter, wie ihn Hans Nibel, der ehemalige Konstruktions-Chef des Hauses Benz, im Sinn gehabt hatte, stellte man vorerst zurück. Pläne in dieser Richtung sollten sich erst sehr viel später realisieren lassen – das waren der 170 V und die Modelle mit Heckmotor, die nach dem Weggang Porsches unter Nibels Leitung entstanden.

Mochte der 8/38 PS zunächst auch eine Reihe von Mängeln gehabt haben – der Wagen fand begeisterte Aufnahme. Ein solches Auto war

Links oben: Ein in Sindelfingen gebautes 8/38-PS-Cabriolet. Der Wagen zeigt eine Zulassungsnummer von Esslingen/Böblingen.

Links unten: Cabriolet 8/38 PS (Karosserie Balser) mit großem Spezialkoffer.

Oben: 8/38 PS 1926 als viersitziger Tourer – mit 7800 Reichsmark das billigste Modell der Zweiliter-Baureihe.

Links: Rolldach-Limousinen-Ausführung des 8/38 PS von 1927. 8/38 PS Landaulett, eine Karosserieform, die damals in der Hauptsache als Taxi populär war. Das Foto eines Privatwagens stammt von 1927.

lange erwartet worden, denn bislang war das Privileg, einen Mercedes fahren zu dürfen, in den meisten Fällen jenen vorbehalten geblieben, die einen Chauffeur in ihren Diensten hatten. Der 8/38 PS galt als Wagen des »Herrenfahrers« – nämlich jenes Herren (oder auch jener Dame), der (oder die) selbst zu fahren wünschte. Dies konnte nur ein kleiner, leicht zu bedienender und wirtschaftlicher Wagen sein. Mit der Zunahme von Kraftfahrzeugen im öffentlichen Straßenverkehr wuchs natürlich auch die Zahl derer, die sich nicht chauffieren ließen, sondern eigenhändig ihren Wagen steuerten. 1927 wurden in Deutschland noch rund 32 000 Personenwagen gebaut, 1928 waren es schon 85 000, 1929 102 000. »Bequemlichkeit für den Fahrer, leichte Lenkbarkeit, problemlose Wartung, selbsttätige Schmierung, hohe Zuverlässigkeit« – so formulierte der Motorjournalist Benno Dierfeld 1928 die Vorstellungen und Wünsche des »Herrenfahrers« an seinen Wagen. »Dieser Entwicklung Rechnung tragend, haben auch die Konstruktions-Tendenzen in der deutschen Automobilindustrie in den

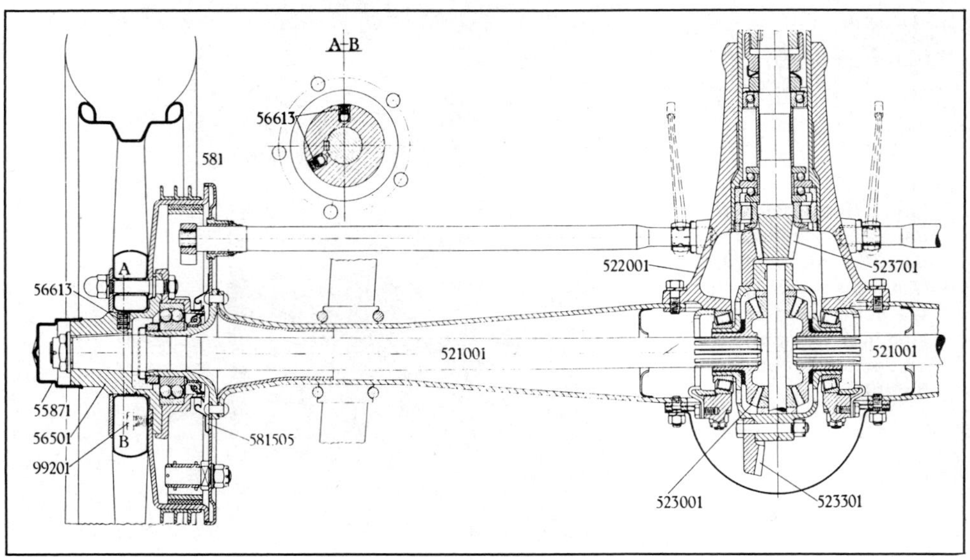

Hinterachsenantrieb und Differential des 8/38 PS. Das Fahrzeug hatte Eindruck-Zentralschmierung wie alle damaligen Mercedes-Wagen.

Oben: Werbekarte, die bei Erscheinen des 8/38 PS von Daimler-Benz ausgegeben wurde. Sie enthielt eine Einladung zur Probefahrt.

Heckansicht des stabilen Fahrgestells vom 8/38 PS. Rechts daneben Detailansicht vom Sechszylindermotor. Vor der Spritzwand befindet sich der 45 Liter fassende Kraftstofftank. Zum Betanken des Wagens hatte man die Motorhaube zu öffnen. Die Zündkabel fehlen auf diesem Foto. Das Typenschild weist den 8/38 PS noch nicht als Erzeugnis der Daimler-Benz AG, sondern der Daimler-Motoren-Gesellschaft aus.

Rechts: Fahrgestellansicht von links vorne. Vermutlich ein Ausstellungs-Chassis.

Links: Heckansicht mit der Banjo-Hinterachse des 8/38 PS, rechts der Motor dieses Wagens. Die Scheinwerferkabel sind hier provisorisch an den Kotflügelträgern befestigt.

Ein attraktives, von der Karosseriefirma Zschau in Leipzig in kleiner Serie gebautes 8/38-PS-Cabriolet mit relativ niedriger Gürtellinie. Der Außenkoffer war abnehmbar. Die Proportionen täuschen indessen ein wenig über die Gesamtabmessungen des hohen Wagens.

letzten Jahren eine Umkehr erfahren ...« Das stimmte wirklich. In der Tat war der kleine 8/38 PS das krasse Gegenteil eines 24/110/160 PS. Zwar war der kleine Motor auch ein Sechszylinder, doch handelte es sich um eine Konstruktion mit seitlicher Nockenwelle und stehenden Ventilen. Motorblock und Zylinderkopf bestanden aus Grauguß, die Ölwanne aus Leichtmetall. Auf Aluminiumkolben hatte man verzichtet, dafür war die Kurbelwelle siebenfach gleitgelagert, was einen ruhigen und vibrationsfreien Lauf gewährleistete. Der Antrieb der Nockenwelle erfolgte über schrägverzahnte Stirnräder, sie befand sich auf der rechten Motorseite.

Weitere technische Merkmale waren die Druckumlaufschmierung, der Zenith-Horizontalvergaser und ein Dreiganggetriebe, mit dem Motor verblockt, dessen dritter Gang direkt (1:1) ausgelegt war. Ein Vierganggetriebe mit Schon- oder Spargang bot man für den 8/38 PS erst ab 1931 an. Es standen dem Kunden indessen zwei Antriebsübersetzungen der Hinterachse zur Wahl: 6,62 oder 6,00.

Ein Schwingachser war der Zweiliter – entgegen den Vorstellungen Hans Nibels – nicht geworden. Vorn und hinten wies der 8/38 PS alias W 02 Halbelliptik-Blattfedern auf, an der Hinterachse gab es zudem

Fortsetzung auf Seite 67

Mercedes 28/95 PS Baujahr 1923 mit Vierradbremsen. Der bootsförmig karossierte Tourer ist ein Exponat des Auto + Technik-Museums in Sinsheim.

Aus dem Fotoalbum des Mercedes-Benz-Liebhabers

Welche Rasse und Eleganz die Fahrzeuge aus dem Hause Daimler-Benz in den zwanziger Jahren auf sich vereinten, geht aus den Farbaufnahmen hervor, die auf den nachfolgenden Seiten wiedergegeben sind. Die Bilder entstanden in Deutschland, in der Schweiz, in England und in den Vereinigten Staaten; die Wagen sind wertvolle Sammlerstücke, die von Kennern und Liebhabern exzellent restauriert wurden. Die dazwischengestreuten Schwarweißfotos sind Originalaufnahmen ihrer Zeit – interessante Dokumente einer Ära, in der das Automobil noch kein Massenprodukt war und in mancher Hinsicht doch eine etwas andere Rolle einnahm als heute.

Links: 24/110/160 PS K Tourer in Indien, 1927. Der Wagen hat vorn Dunlop- und hinten Michelin-Bereifung.

Rechts: Karosseriebau in Sindelfingen um 1928. Vorn rechts im Bild Wagen vom Typ 8/38 PS, links 24/100/140 PS. Die Wagen stehen auf rollenden Arbeitsböcken oder Montagereifen.

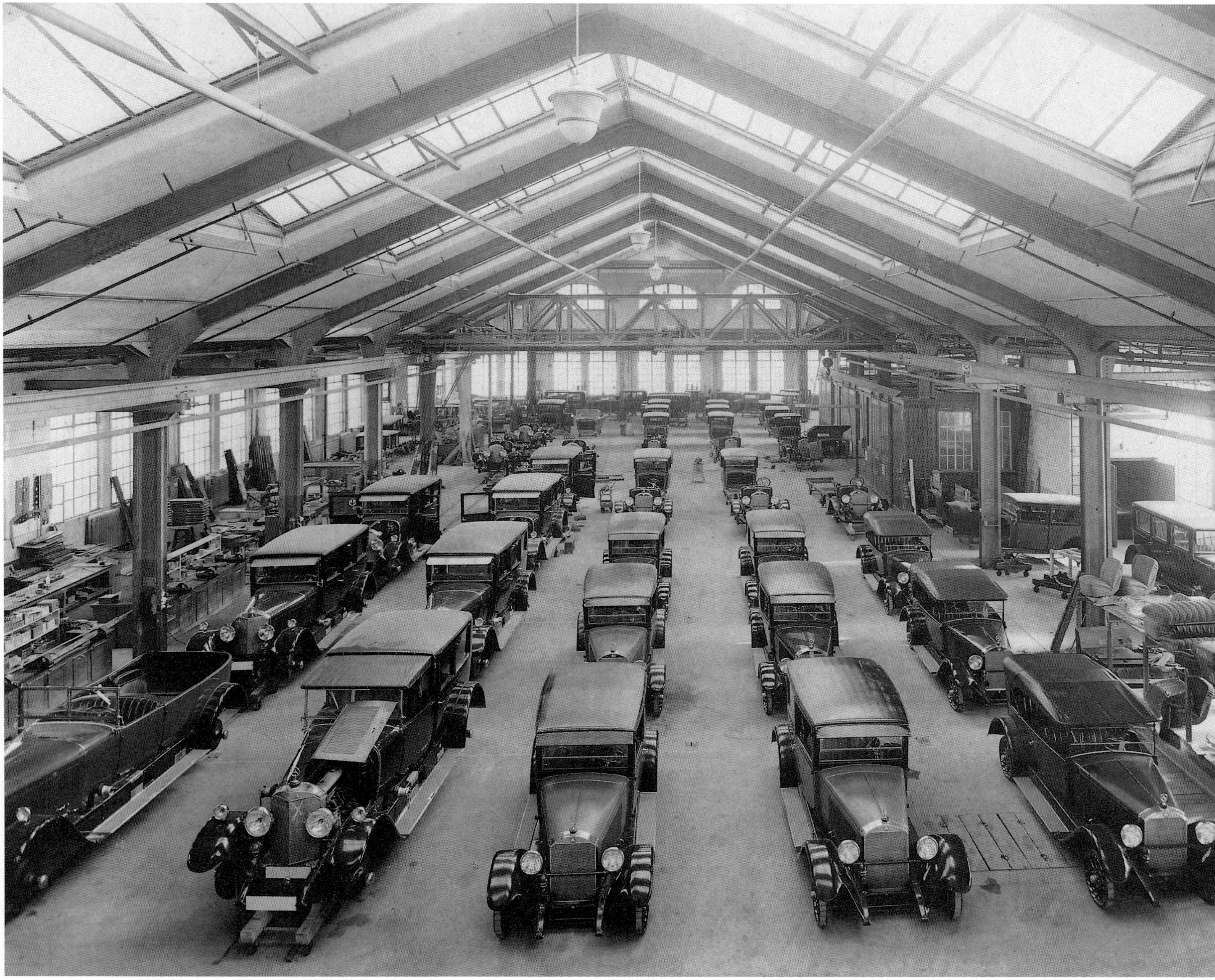

Links: Mercedes 24/110/160 PS K Tourenwagen von 1927 aus der Harrah's Collection, Reno/Nevada.

Rechts: Ein ebenfalls 1927 karossierter K Tourer mit ungewöhnlichen vorderen Kotflügeln und nachträglich angebrachter Stoßstange.

S·16·211
CONN. 1927

Links: 1927 in die Vereinigten Staaten gelieferter K Tourer.

Oben: Werbeaufnahme für den Mercedes-Benz Stuttgart 260 im Winter 1928/29. Die Cabriolet-Karosserie stammt von der Firma Reutter.

Mercedes-Benz „Stuttgart 260"

Rechts: 1930 in England karossierter Mercedes Benz SS Cabriolet.

Links: Ein Tourer vom Typ Stuttgart 260 von 1928, der heute im Daimler-Benz-Museum in Untertürkheim ausgestellt ist.

IA-67138

Links: 8/38-PS-Cabriolet, aufgenommen 1927 im Berliner Grunewald. Winker waren damals eigentlich nur für Limousinen vorgeschrieben.

Oben: Schönheitswettbewerb in Baden-Baden, 1927. Dieser offene Nürburg wurde mit einem Ersten Preis ausgezeichnet. Die Badener Automobiltage hatten stets hohen gesellschaftlichen Rang.

Oben: Dieser 15/70/100 PS gehörte einst dem letzten König von Rumänien. Heute steht der große Kompressorwagen im Werksmuseum.

Rechts: Limousine vom Typ Stuttgart 200 von 1929.

IIIA-13987

Links: Mercedes-Benz Mannheim 350 als sechssitzige Pullman-Limousine mit Separation, 1928.

Rechts: Offener Nürburg-Tourer vor dem Maison Kammerzell in Straßburg, aufgenommen 1929.

42
BL 15561

Das Inserat oben links erschien anläßlich der Fusion Daimler-Benz im September 1926. Links ein Inserat für den Mannheim von 1929.

Diese Anzeige erschien 1927/28 in Programmheften zu Sportveranstaltungen und in einigen Monatsblättern. Eine der wenigen offiziellen Publikationen, bei der man versehentlich den Bindestrich bei Mercedes-Benz weggelassen hat . . .

Links: Mercedes-Benz Nürburg 460 von 1928. Die hervorragend restaurierte Limousine gehört einem Sammler in der Schweiz; die Aufnahme wurde anläßlich einer Rallye 1976 gemacht.

Links: Motoren für den 8/38 PS. Rechts: Chassis-Montage; der Motor wird ins Fahrgestell gesetzt. Die Aufnahmen auf diesen Seiten wurden 1929 in Untertürkheim gemacht.

Oben: Einbau der Stoßdämpfer und der Vorderachse. Noch gibt es keine Fließbänder. Ganz links die Transportbahn der bereiften Stahlspeichenräder.

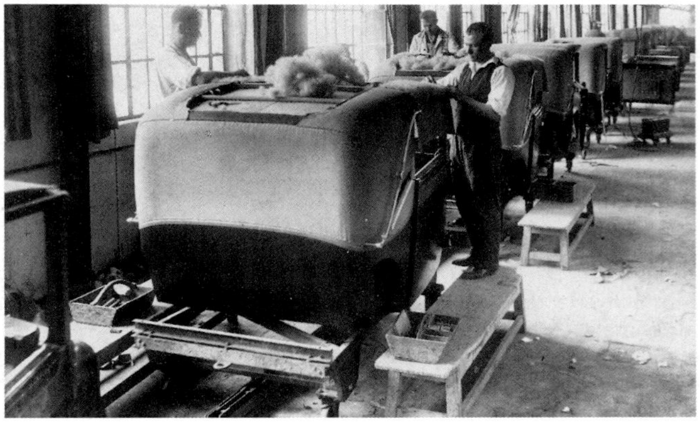

Cabrioletverdecks werden wattiert – noch haben die Fahrzeuge kein Rückfenster. Es wurde in einem späteren Arbeitsgang eingesetzt.

Federgurt-Stoßdämpfer. Selbstverständlich hatte der 8/38 PS Vierradbremsen, die Handbremse diente als Feststellbremse und wirkte auf die Hinterräder. Die Spindellenkung wurde – je nach Kundenorder – rechts oder links installiert.
Zum Tanken mußte man beim 8/38 PS die rechte Hälfte der Motorhaube öffnen; das Reservoir faßte 45 Liter und befand sich an der vorderen Spritzwand.
Neu war bei der Einführung des kleinen Mercedes die Verwendung von Bilux-Birnen in den Hauptscheinwerfern. Zuvor hatte man für Fern- und Abblendlicht zwei verschiedene Birnen benutzt. Neu war auch das Fernthermometer – jenes Instrument unterhalb des Mercedessterns auf dem Einfüllstutzen wies der 8/38 PS nicht auf. Am Armaturenbrett gab es ferner einen »Ölkontroller« mit vier Sichtsegmenten, die eine rote Scheibe erkennbar werden ließen, sobald die Ölpumpe nicht arbeitete. Der Tachometer hatte einen Tages-Kilometerzähler. Zwei Relikte aus älterer Zeit fand der Fahrer noch am Lenkrad – nämlich die Handstellhebel für das Kraftstoff-Luft-Gemisch und Handgas. Unterhalb des Armaturenbretts konnte man die Benzinzufuhr mittels Dreiwegehahn absperren.
Immer wieder gelobt wurde das System der zentralen Fahrgestell-

Bremsen, Räder und Schlösser werden montiert. Rechts darüber ein Bild vom Aufsetzen der Karosserie auf das Fahrgestell. Zwei Mann bewältigten diesen Arbeitsgang. Rund 15 Wagen wurden 1927 und 1928 pro Arbeitstag vom Typ 8/38 hergestellt.

Links: Tourenwagen mit Standard-Karosserie, viertürig, 1928.

Rechts: Viersitziges, zweitüriges 8/38-Cabriolet. Daneben ein ähnliches Cabriolet, jedoch mit anderem Koffer.

Unten: Viertürige Limousine Typ 8/38 PS mit Probefahrtkennzeichen.

schmierung, das es natürlich auch bei anderen Mercedes-Modellen gab. Von der Getriebewelle wurde eine Nebenwelle in Bewegung gesetzt, die zwei Abtriebe aufwies, für den Tachometer und für die Ölpumpe. Das unter Druck aus dem Motor kommende Schmieröl (Vorrat: 8 Liter) wurde allen Schmierstellen des Fahrgestells zugeführt.

»Der neue Mercedes ist ein ausgesprochener Zweckwagen«, schrieb die Zeitschrift *Motor und Sport* im Januar 1927, »der trotz des repräsentativen Moments, das bei einem Markenwagen immer gegeben ist, lediglich nach den Erfordernissen der Praxis konstruiert ist.« Man befand die Fahreigenschaften als ausgezeichnet, lobte die Elastizität des Sechszylindermotors und sein Anzugsvermögen sowie die Effizienz der Vierradbremse, »die sehr prompt und zuverlässig arbeitet«. Der *Motor* schrieb: »Der normale Selbstfahrer wird auch bei hohen Anforderungen durch den 8/38 PS voll zufriedengestellt. Er kann den kleinen Mercedes-Benz als eine endliche Erfüllung seiner Wünsche

Mercedes-Benz 8/38 PS Cabriolet 1926 (Karosserie Sindelfingen) mit der damals typischen Lakkierung: Heller Wagenkörper, schwarze Kotflügel.

Unten: Zweisitziger Roadster in der Standardausführung ohne Stoßstangen. Im Heck war ein Notsitz (»Schwiegermuttersitz«) untergebracht.

betrachten und wirklich entzückt sein!« Knapp 20 Sekunden brauchte der Tester, um von 10 auf 70 km/h zu beschleunigen, als Höchsttempo registrierte er – mit dem offenen Tourenwagen – 90 km/h. Das scheint beachtlich, denn die offiziellen Angaben des Werkes bewegten sich bei 75 km/h. »Sehr gut ist die Lage in der Kurve«, hieß es weiter, »so daß auch der Sportfahrer, der auch vor der Kurve nur ungern den Fuß vom Gaspedal nimmt, voll auf seine Kosten kommt.« Betont wurde auch in diesem Bericht die Wirkung der Bremsen sowie der hohe Sitzkomfort.

Daimler-Benz bot den 8/38 PS als offenen Tourer (auch Phaeton genannt) mit vier Sitzplätzen an, als zwei- und viertürige (»Innensteuer«-) Limousine, als zweisitziges und viersitziges Cabriolet, als Landaulet sowie als viertürigen Arztwagen: Hier ließ sich der rechte Mittelpfosten der Türen herausnehmen, um bequemen Zugang zu einem in die Waagrechte umklappbaren Sitz zu haben. Als unkarossiertes Chassis konnte man den 8/38 PS natürlich ebenfalls erwerben, doch machten

Blick von oben in den offenen, viersitzigen 8/38-PS-Tourenwagen von 1927. Zur Serienausstattung gehörten Lederpolster und ein einfaches Allwetterverdeck. Die Lehne der vorderen Sitzbank ist fest mit den Seitenteilen der Karosserie verbunden.

Unten: Blick auf das Fahrgestell des Zweiliter. Die 12-Volt-Batterie befindet sich unter dem Bodenbrett im Fond.

Rechts: Werbeaufnahme mit dem geschlossenen Zweitürer vom Typ 8/38 PS. Stoßstangen zählten damals zum Sonderzubehör. Der Zweitürer kostete 1926 8600 Mark, der Viertürer 8900 Mark.

Heckansicht des in Sindelfingen karossierten Cabriolets (Seite 68). Bemerkenswert die Lösung der Ersatzrad-Halterung, kombiniert mit der Nummernschildbeleuchtung, die man abzunehmen hatte, wollte man ein Rad wechseln.

immer weniger Käufer von der Möglichkeit Gebrauch, sich einen nach individuellen Wünschen angefertigten Aufbau zimmern zu lassen. Der Aufwand stand bei einem Wagen dieser Größenordnung in keinem Verhältnis zum Ergebnis – der Zweiliter-Mercedes war ein 8000-Mark-Auto, kostete also nur ein Drittel so viel wie ein Kompressormodell, und die Aufwendungen für eine spezielle Karosserie überstiegen in den meisten Fällen das Budget jener neuen Kategorie von Käufern, die auf einen 8/38 PS gewartet hatten. Gleichwohl gab es einige interessante Sonderaufbauten, die – wie im Falle der sportlichen Roadster für die Alpenfahrten – im konzerneigenen Karosseriewerk Sindelfingen selbst entstanden wie auch andernorts, etwa bei Zschau in Leipzig oder Reutter in Stuttgart.

»Der Stern Ihrer Sehnsucht« verhießen delikat gezeichnete Werbeinserate in bezug auf den 8/38 PS, auf den viele neue Kunden reflektierten und der Produktionsdirektor Max Sailer so viele Sorgen bereitete. Nach und nach aber gelang es, die Kinderkrankheiten des 8/38 PS auszurotten – die Loyalität eingeschworener Mercedes-Anhänger und die Kulanz des Weltunternehmens Daimler-Benz, das sich keine unzufriedenen Käufer leisten konnte, ebneten dem Wagen den Weg. Über kurz oder lang zahlte sich das Lehrgeld aus. Dazu trugen

Mercedes-Benz 8/38 PS von 1927. Nicht nur mit einem Cabriolet konnte man in Baden-Baden einen Preis erringen! Wo sich das zweite Bein der charmanten Chauffeuse befindet, weiß außer ihr nur der Fotograf dieser zeitgenössischen Aufnahme im Kurpark . . .

Die Armaturentafeln des 8/38 waren nicht alle gleich. Die Zusammensetzung ihrer Instrumente wechselte im Laufe der Bauzeit des Wagens. Links ein Foto von 1929, darunter die Version 1926 mit zentralem Bosch-Schalter für Zündung und Licht. Nicht alle Instrumente tragen auf dem Zifferblatt einen Mercedesstern. Ganz unten Armaturenbrett ohne die abgerundeten Ecken; das Deuta-Tacho zeigt linksherum an.

die vielen Erfolge im Motorsport bei, die auch der Zweiliter errang – natürlich nicht in Rennen, sondern in Zuverlässigkeitsprüfungen. 1927 gab es am 14./15. Mai einen ersten, offiziell als 8/38-PS-Erfolg verzeichneten dritten Platz bei der Zuverlässigkeitsfahrt quer durch Mecklenburg. Fritz Kuligowski aus Rostock hatte sogar den Großherzog von Mecklenburg auf einem K Modell abhängen können. Martin Lippmann aus Döbeln – der noch oft in den Sportannalen Daimler-Benz' auftauchte – wurde 14 Tage später Erster in der Sachsenfahrt, und dann fand Ende Juni jene Kartellfahrt des AvD statt, die durch ganz Deutschland führte und von 53 Fahrern bestritten wurde. Neun Mercedes-Benz konnten sich hier qualifizieren, und unter denen, die strafpunktfrei blieben, waren Piloten wie Caracciola, v. Berckheim, Rosenberger. Ihnen hatte man ausnahmsweise jene kleinen 8/38 PS anvertraut, wohl aus Gründen bestens überlegter Werbestrategie.
Bis zum Frühjahr 1929 blieb der 8/38 PS in seiner Auslegung unverändert. Er hatte sich zu einem zuverlässigen Wagen gemausert, der sein Geld wert war und der einem lange Jahre treue Dienste leistete. Die einsetzende Weltwirtschaftskrise machte der Automobilindustrie – und nicht allein ihr – allerdings manchen Strich durch die Rechnung, und statt der geplanten 5000 bis 6000 Wagen des kleinen Typs vermochte man bei Daimler-Benz nur eine geringere Zahl als 1927 abzusetzen. Die Stuttgarter Produktionsstatistik weist für das Jahr 1928 3922 gebaute W 02 aus.
Wirtschaftliche Notwendigkeiten waren es auch, die Daimler-Benz veranlaßten, die nicht ausgelasteten Karosserieabteilungen in Sindelfingen Fremdaufträge ausführen zu lassen. In den Mannheimer Betrieben wurden damals ebenfalls Karosserien gebaut; kurzfristig ließ sich eine Konzentration der gesamten Karosserieherstellung auf Sindelfingen nicht bewerkstelligen, schon im Hinblick auf die Erhaltung von Arbeitsplätzen in Mannheim. Deshalb kam es in Sindelfingen zur Herstellung von Aufbauten für den kleinen 3/15 PS BMW, der als Dixi-Nachfolger rasch Furore machte und durch ein Abkommen, welches die Bayerischen Motoren Werke und die Daimler-Benz AG schlossen, zeitweilig auch durch das Mercedes-Benz-Händlernetz vertrieben wurde. Die Zusammenarbeit währte indessen nicht lange, zumal bald erkannt wurde, daß man bei BMW in Eisenach an der Entwicklung sportlicher Sechszylindermodelle arbeitete, die den Fahrzeugen aus Stuttgart angeblich zu konkurrieren drohten.

Versuche mit Fahrzeugen, die das Erbe des Kompressormotors in ihrer Dimension nicht verkrafteten, gleichwohl einen Seitenblick wert sind:

Mercedes-Benz 8/40/60 PS und 12/60/90 PS

Der Gedanke, auch kleiner dimensionierte Motoren mit Aufladung zu versehen, beschäftigte Ferdinand Porsche während seines Wirkens bei Daimler immer wieder. So entstanden einige Versuchsmodelle auf Basis des 8/38 PS, die als 8/40/60 PS bekannt wurden (Werksbezeichnung: W 6506 I/K) und die Grunddimensionen des Zweilitermotors mit seinen 65 mm Bohrung und 100 mm Hub aufwiesen. In den Jahren 1924 bis 1927 wurden etwa ein Dutzend dieser Fahrzeuge gebaut. Auch drei oder vier Fahrzeuge mit einem auf drei Liter ausgelegten Motor (67 × 105 mm, 2962 ccm) entstanden um 1926, genannt 12/60/90 PS oder W 67058. Dies war indessen ein Achtzylinder, der sein kurzlebiges Dasein in einem 3400-mm-Fahrgestell fristete – ein Chassis des K Wagens, daher auch die Bezeichnung 300 K. Die Experimente mit diesen Fahrzeugen gediehen jedoch nicht weit.

Ganz oben Mercedes-Rennwagen am Semmering 1924. Der Wagen in der Mitte ist ein 8/40/60 PS, wie auch der Rennwagen (unteres Bild), der 1978 von der Daimler-Benz AG dem Deutschen Museum, München, übergeben wurde und inzwischen eine mehr dem Original entsprechende Heckpartie sowie weitere Detailveränderungen erhielt.

Der Nachfolger des 8/38 PS mauserte sich zu einem zuverlässigen und langlebigen Gebrauchswagen:

Mercedes-Benz Stuttgart 200

Hans Nibel, Schöpfer des legendären Blitzen-Benz, hatte seine Talente als Konstrukteur seit dem Erscheinen Porsches bei der Daimler-Motoren-Gesellschaft auf den Nutzfahrzeugbau konzentriert. Viele seiner Ideen flossen auch in Arbeiten ein, die später alleinig Porsche zugeschrieben wurden. Die Verbesserungen am 8/38 PS, das Auskurieren seiner Mängel war indessen Nibels Werk, und als er nach dem Weggang Porsches zu Steyr im Januar 1929 dessen Nachfolger als Konstruktions-Chef bei der Daimler-Benz AG wurde, ergriff er die Gelegenheit, in vielen Richtungen technisches Neuland zu beschreiten. Die in den dreißiger Jahren herausgekommenen Mercedes-Modelle tragen durchweg die Handschrift Hans Nibels, vom Typ 170 bis zum »Großen Mercedes« 770.

Die Bezeichnung des 8/38 PS lautete vom Produktionsjahr 1929 an offiziell »Stuttgart« mit der Zusatzzahl 200, dies zur Unterscheidung von einem etwas größeren Modell, dem 260, das ebenfalls den Namen

Der bisher 8/38 PS genannte »kleine Mercedes« ab 1929 offiziell 200 mit dem Beinamen »Stuttgart«. 1933 wurden die letzten Exemplare dieses Modells gebaut. Oben: Die viertürige Luxus-Limousine, hergestellt in Sindelfingen, mit Außenkoffer und Stoßstangen; darunter Heckansicht des Fahrgestells, das in den Abmessungen nicht von dem des 8/38 PS (Vorgängermodell) abwich.

Links: Mercedes-Benz Stuttgart 200 in der Standardversion. Serienmäßig: die ausstellbare Frontscheibe. Oben: Vereinfachtes Instrumentenbrett des Stuttgart 200, Ausführung 1930. Der Trommel-Tachometer kam von Veigel.

Links: Zeichnung des Luxus-Cabriolets auf Basis des 8/38 PS bzw. Stuttgart 200. Rechts: Der neue 200 als Chassis (Herbst 1929).

»Stuttgart« trug, in der Fahrgestellauslegung mit dem 200 aber identisch war. Der überarbeitete Zweilitermotor bekam einen anderen Vergaser (Solex statt Zenith), eine leicht angehobene Verdichtung von 6,2:1 und eine neue Abdichtung zwischen Getriebe und Kupplung. Hier hatte es in der Vergangenheit viel Ärger gegeben.
Die modifizierte Zweilitermaschine erhielt im Werk die Bezeichnung M 02. Sie machte deutlich, daß unter der Ära Nibel Neues zu erwarten stand. Natürlich gab es auch einen M 01, installiert im Wagen W 01 – dies war jenes glücklose Experiment mit Namen 5/25 PS, der schon seit 1926 im Versuch lief, aber keine befriedigenden Resultate brachte.
Auch die Qualität der Karosserien wurde ab 1929 angehoben. Viele Kunden hatten sich beklagt, daß die Türen nicht dicht schlossen, die Trittbretter sich bei größerer Belastung verbogen, die Lackierung nicht einwandfrei war. Allen diesen Dingen ging man jetzt eingehend auf den Grund.
1929 wurde der Preis für den Zweiliter spürbar gesenkt. Für die viertürige Limousine hatte man statt 8900 Mark jetzt nur noch 6880 Mark zu zahlen. 1931 gab es noch einmal eine Preissenkung auf 5980 Mark, Ende 1932 rundete man den Preis sogar auf 5000 Mark ab. Mit berechtigtem Stolz wies Daimler-Benz darauf hin, daß zu einem solchen Preis »der beste Gegenwert« geliefert werde. In einer vertraulichen Mitteilung des Vorstands wurde betont, daß man mit dem 8/38 PS – die Kategorisierung von Personenwagen nach Steuer-PS war in der Branche auch lange nach 1928 noch üblich – allen Kaufinteressenten, die sich mit dem Gedanken der Anschaffung eines Autos dieser Größenordnung trugen, die wohl beste Alternative zu vergleichbaren Fahrzeugen der Marken Adler, Opel oder Ford bot. »Wir studieren die Erzeugnisse unserer Konkurrenz, was vielfach so weit führt, daß wir uns solche Wagen selbst anschaffen«, hieß es in einem Rundschreiben an die leitenden Herren des Verkaufs, »unsere Vergleiche beruhen nicht auf Katalogangaben, sondern auf Prüfungen von Fahrzeugen, die in unserem Besitz sind.« Man habe immer wieder Gelegenheit, Angaben der Konkurrenz nachzuprüfen – mit dem Ergebnis, daß oft genug deren »Unhaltbarkeit festgestellt wurde. Unsere Erzeugnisse aber halten allen Vergleichen stand.«
Der Adler Favorit 8/35 PS kostete 1931 5575 Mark, war also um 405 Mark billiger als der Mercedes. Der Opel 8/40 PS war in der Stan-

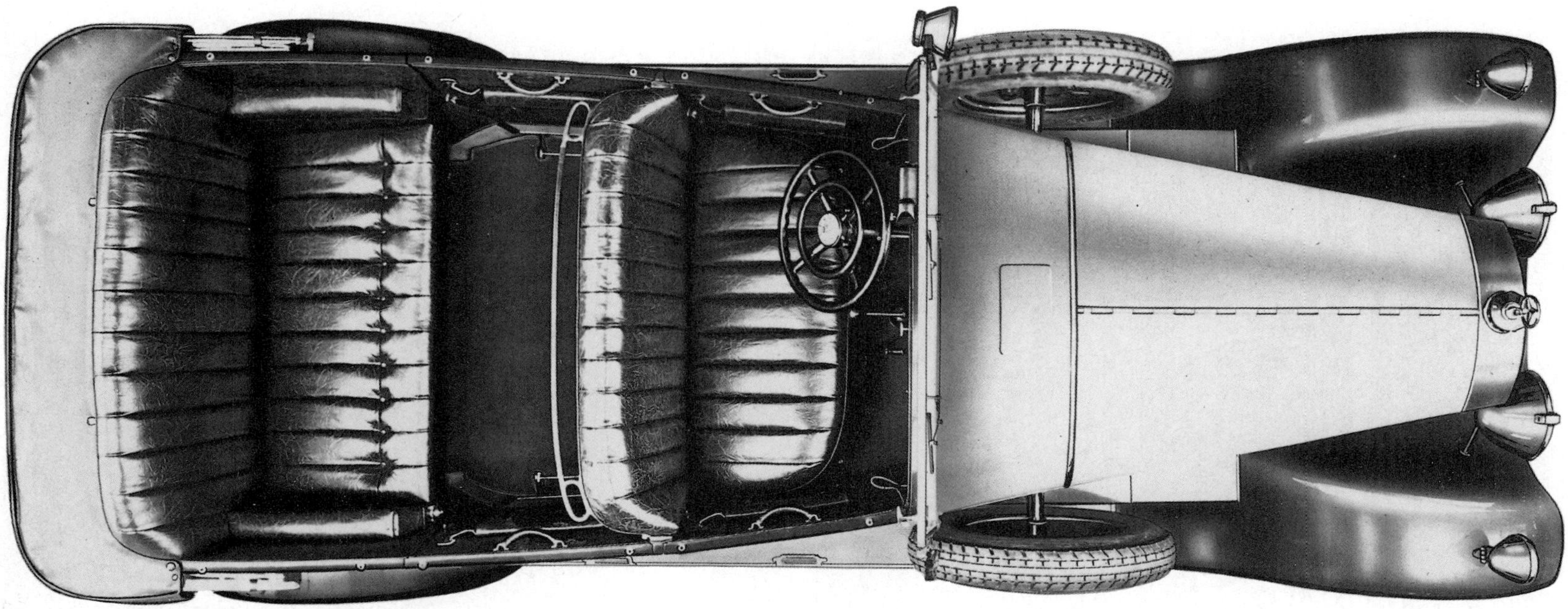

Stuttgart 200 als offener Tourenwagen. 1929 kostete diese Ausführung nur 80 Mark weniger als die viertürige Limousine. Polsterarbeit und Anordnung der Reserveräder auf den Trittbrettern lassen eine Spezialkarosserie erkennen; normalerweise war das Ersatzrad am Heck.

dardausführung schon für 4300 Mark zu haben, als Luxusmodell für 4600 Mark – in beiden Fällen jedoch ohne Reserverad. Der viertürige, sechsfenstrige Ford A, ebenfalls ein unmittelbarer Konkurrent zum Zweiliter-Mercedes, kostete 5100 Mark.

In einem vom Werk vorgenommenen Vergleichstest konnte man nachlesen, daß allein schon der »Vierzylindermotor des Adler Favorit dem Wagen den Stempel der Billigkeit« aufdrücke – schließlich war der Mercedes-Benz 200 ein Sechszylinder. Dem Adler-Aggregat bescheinigten die Tester starke Vibrationen, die sich angeblich auch auf das ganze Fahrzeug übertrugen. Beim Opel beklagten sich die mit dem Vergleichstest beauftragten Männer über ein »Schwimmen des Wagens und die schlechte Lage desselben auf der Landstraße. Grund: Aufhängung aller Wagenfedern in Gummi, dadurch Nachgiebigkeit der Achsen, keine feste Lagerung der Hinterachse, zu harte Federn, Fehlen vorderer Stoßdämpfer. Ferner trägt die unbestimmte und schwammige Lenkung zur unruhigen Straßenlage bei . . .« Beim Vergleich der Bremswege wurden – aus 40 km/h – beim Mercedes 200 nur 10,8 Meter gemessen, beim Opel 21 Meter. Auch neige das Bremsgestänge des Opel zum Durchbiegen.

Dem Ford wurde angekreidet, daß er alle 800 Kilometer zur Inspektion müsse, während es beim Mercedes nur acht Schmierstellen gab, die vom Besitzer des Wagens selbst zu versorgen waren. Die Chassis-Schmierung übernahm die Einrichtung der Zentralschmierung. »Es ist bei Beachtung unserer Betriebsanleitung nicht nötig, unsere Werkstätten aufzusuchen«, hieß es. Fazit: »Dieses Modell ist das bequemste und wirtschaftlichste Fahrzeug, das der Selbstfahrer überhaupt finden kann.« Natürlich waren weder der Opel noch der Ford, auch nicht die Konkurrenten Adler oder Wanderer so voller Nachteile, wie man dies damals so kraß schilderte. Auch beim Daimler-Benz-Automobilbau wurde letztenendes nur mit Wasser gekocht, und gerade der Stuttgart war schließlich ein Fahrzeug, bei dem es in der Herstellung auf wirtschaftliche Kriterien mehr ankam als bei jedem anderen Mercedes.

Unter der Bezeichnung Stuttgart 200 wurden 1929 1631 Fahrzeuge gebaut, 1930 waren es 2966, 1931 1235, 1932 528. Im Frühjahr 1933 lieferte man die letzte Serie dieses Modells aus, sie umfaßte noch einmal 90 Wagen. Die Gesamtzahl aller gebauter Zweiliter betrug 16 954 Exemplare.

Als großer Bruder des Modells 200 errang der 260 die gleiche Popularität. Aber er hatte gegen eine breite Konkurrenz von Adler, Brennabor, Ford, Opel, Stoewer und Wanderer zu bestehen:

Mercedes-Benz Stuttgart 260

Am 17. Oktober 1928 wurde der Daimler-Benz AG unter der Geschäftsnummer 6041 vom Landesgewerbeamt die Typenbescheinigung für ein Fahrzeug ausgestellt, das als L 3/4 10/50 PS 2,6 Liter eingetragen wurde. Als Modell Stuttgart 260 (Werkscode: W 11) kam dieses Auto ab 1929 ins Verkaufsprogramm.

Den Preßstahlrahmen im U-Profil mit einem Radstand von 2810 mm teilte sich der Stuttgart 260 mit dem des Stuttgart 200 alias 8/38 PS. Auch die Reifendimension (5.25 – 20) und die Größe der Aufbauten entsprachen dem kleineren Modell. Der Unterschied lag beim Motor. Der – ebenfalls untengesteuerte – Sechszylinder, in der Basis noch eine Porsche-Konstruktion, wies bei 74 mm Bohrung und 100 mm Hub 2581 ccm Hubraum auf. Nach der neuen Besteuerungsformel – sie lautete: Hubraum – 0,00078 × Zahl der Zylinder × Bohrung zum Quadrat × Hub – kamen 2560 ccm heraus, daher die Differenzen in den Angaben bei unterschiedlichen Quellen. Diese Differenzen ergaben sich natürlich auch bei allen anderen Verbrennungsmotoren, was häufig zu zwei oder gar drei verschiedenen Hubraumangaben führte – je nachdem, ob man den effektiven, den Steuerformel- oder einen interpolierten Zwischenwert-Hubraum meinte.

»Seine große Zuverlässigkeit hat der neue 2,6 Liter bei der Sternfahrt nach Barcelona bewiesen«, konnte man im Herbst 1929 in der Zeit-

Oben: Mercedes-Benz Stuttgart 260 (W 11) von 1928. Der sportliche Roadster trug die Bezeichnung »Alpenwagen«. Mit knapper untersetzter Hinterachse (4,63 statt 5,30) ging dieser Zweisitzer 110 km/h. Der »Alpenwagen« des nächsten Jahres wies nicht ganz so schwungvolle Karosserielinien auf.

schrift *Motor* lesen: »Eine Dame startete mit ihrem Gatten und zwei Töchtern von Riga und legte die 3400 Kilometer in vier Tagen ohne Anstand zurück. Es läßt sich mit diesem Wagen eine Durchschnittsgeschwindigkeit von 50 km/h erreichen, während die Höchstgeschwindigkeit 90 km/h beträgt.«

Bei 3100 Touren gab der Sechszylinder 50 PS ab; äußerlich glich das Aggregat – bis auf wenige Kleinigkeiten – dem des Typs 200. Die siebenfach gelagerte Kurbelwelle hatte man hier mit einem Schwingungsdämpfer versehen, die Kolben bestanden aus einer Nelson-Bonalite-Legierung. Wie beim Modell 200, erfolgte die Kraftübertragung via Einscheiben-Trockenkupplung zum Dreiganggetriebe, von dem die Hinterachse über eine umschlossene Kardanwelle angetrieben wurde. Auch der 260 war wieder ein Starrachser; die Halbelliptik-Blattfedern saßen vorn über, hinten unter der Achse. Die Federpakete waren beim Luxusmodell durch Ledergamaschen zum Schutz gegen Staub umhüllt. Auch die Federgurt-Stoßdämpfer wies der 260 wieder auf. Einheitlich wurde der Wagen mit Linkslenkung versehen, mit Ausnahme jener Modelle, die in den Export gingen und dort verkauft wurden, wo Linksverkehr herrschte.

Die Motorschmierung besorgte eine Ölpumpe, die durch eine senkrecht von der Nockenwelle in die Ölwanne führende Welle angetrieben wurde; an ihrem oberen Ende saß der Bosch-Zündverteiler. Selbstverständlich gab es am Instrumentenbrett einen Öldruckmesser am Feinfilter angeschlossen, dort befand sich auch ein Überdruckventil. Neu waren ein Kurbelgehäuse-Entlüftungsrohr und eine verrippte Unterseite der Ölwanne, die eine bessere Wärmeableitung des heißen Öls gewährleistete.

Ein 35er Solex-Vergaser, Typ MOHLT, sorgte für die Gemischaufbereitung, wobei das Gasgemisch durch den Zylinderblock zu dem auf der anderen Seite des Motors befindlichen Saugrohr geleitet wurde, um eine Vorwärmung zu erreichen. Handgas und Choke ließen sich, wie beim 200, vom Lenkrad aus regulieren. Typisch für Mercedes war auch die kleine Handpumpe an der Lenksäule, durch die man Benzin zerstäuben konnte, was im Lufteinlaß ein zündfähigeres Gemisch brachte – eine Starthilfe für kalte Wintermorgen.

Die Fußbremse wurde von Daimler-Benz als Bremse mit Servohilfe bezeichnet. In jeder der vier Trommeln befand sich ein stählernes Bremsband, das an einem Ende fest, am anderen mit einem beweegli-

Die beiden Gesichter des Mercedes-Benz Stuttgart 260: Oben die Standardversion, unten das Sindelfinger Luxus-Cabriolet. Die Kotflügelkanten säumt eine feine Zierlinie in der Farbe des Karosseriekörpers. Bei einigen Fahrzeugen gab es doppelte, parallel verlaufende Zierlinien.

Links: Stuttgart 260 als zweisitziger Roadster mit Notsitz im Heck, Baujahr 1928.

Rechts: Der 260 als Luxuscabriolet C, Baujahr 1929/30.

Oben: Von der Stuttgarter Karosseriefirma Reutter gebautes Landaulett auf Basis eines 260, Baujahr 1929.

chen Bügel verbunden war. Beim Betätigen der Bremse drückte sich das Band mit seinem Belag zunächst partiell gegen die Trommel, wodurch es in der Drehrichtung mitgenommen wurde und sich zunehmend gegen die Trommel preßte. Einen Bremsausgleich gab es beim 260 noch immer ebenso wenig wie beim 200. Ungleichmäßiges Ziehen der Bremsen – was öfter beklagt wurde – mußte man am Bremsgestänge regulieren. Die Handbremse wirkte, wie üblich, auf die Hinterräder.
Im Unterschied zum Zweiliter befand sich die Zentralschmierpumpe fürs Fahrgestell beim Stuttgart 260 nicht mehr am Getriebe, sondern am linken Chassislängsträger. Der Pumpenantrieb erfolgte nach wie vor vom Getriebe; symmetrisch zur Tachometerwelle führte ein bieg-

Modell	10/50 PS Stuttgart 260 (W 11)
Produktionszeit	1928–1935
Motor	Reihen-Sechszylinder M 11
Bohrung, Hub, ccm	74×100 mm, 2581 ccm
Verdichtung	5,0:1 (ab 1930: 5,6:1)
Leistung	50 PS bei 300 U/min
Ventile, Steuerung	stehend, 1 seitl. Nockenwelle
Schmierung	Druckumlauf
Kühlung	Wasser, Pumpe
Vergaser	1 Solex 35 MOHLT bzw. 35 FHLS
Elektrik, Zündung	12 V 60 Ah, Batteriezündung
Kupplung	Einscheiben-Trockenkupplung
Getriebe	3-Gang (wahlw. m. Schnellgang)
Lenkung	Schraubenspindel
Fußbremse	mech. Vierrad
Handbremse	mech. Hinterräder
Chassis	Preßstahlrahmen
Radstand, Spur v/h	2810 (ab 1932 auch 3080), 1430 mm
Gesamtabmessungen	4230×1720×1800 mm (Limousine)
Bereifung	5.25–20
Tankinhalt	45 Liter
Leergewicht	1250 kg (Limousine)
Höchstgeschwindigkeit	95 km/h
Stückzahlen	6757 (+ 50 mit langem Chassis)
Preise	RM 7420 (Tourer) RM 8650 (Limousine) RM 7180 (Limousine 1931)

Rechts: Stuttgart 260 Cabriolet E Luxus mit Drahtspeichenrädern. Statt Trittbretter weist der Wagen an den Seiten je zwei Trittroste auf. Das Foto stammt von 1932.

Unten: Sogenannter »Kombinationswagen«, gebaut bei der Karosseriefirma Gustav Erhardt in Stuttgart. Das Chassis dieses 260 ist verstärkt, das Coupédach ist abnehmbar. Rechts daneben ein von Reutter karossierter Roadster mit schräggestellter Windschutzscheibe.

samer Antrieb herüber. »Dies ist für den Fahrer wohl das bequemste, mit Druck arbeitende System der Schmierung, das im Kraftwagenbau Verwendung findet«, schrieb ein Tester des *Motor.* In der Tat gab es zu jener Zeit Personenwagen, die allwöchentlich an 20 oder mehr Stellen mit der Handpresse abgeschmiert werden mußten.
Grundsätzlich gab es zwei Versionen des Stuttgart 260, die Modelle »Standard« und »Luxus«. Zu letzterer gehörten zum Beispiel Stoßstangen und Außenkoffer. Die Standardversion konnte man als viertürige, sechsfenstrige Limousine haben, als zweisitziges Cabriolet oder als viertürigen Tourer. Bei der Luxusausgabe kamen hier noch zwei weitere Cabriolets hinzu, viersitzig mit zwei Türen und sechssitzig mit vier Türen. Fast alle Karosserien kamen aus den Sindelfingener Betrieben; Sonderkarosserien wurden auf Basis des Stuttgart 260 nur selten angefertigt. Buhne in Berlin und Hornig in Meerane stellten Landaulet-Aufbauten her, meist für Taxiwagen, bei der Stuttgarter Karosseriefirma Reutter entstanden einige hochbordige Roadster und Cabriolimousinen (die als »Limousinen mit Rollverdeck« bezeichnet wurden und aus dem Luxus-Viertürer ein komfortables Frischluft-Fahrzeug machten), und bei den Karosseriewerken Erhardt stellte man für den Stuttgart 260 sogenannte »Kombinationsaufbauten« her, basierend auf dem offenen Standard-Tourer, der durch eine Hecktür zur 750- oder 1000-kg-Pritsche wurde, während das Fahrerabteil durch einen Hardtop-Aufsatz abzudecken war. Die normalerweise hinten befestigten ein oder zwei Reserveräder wanderten hierbei auf die

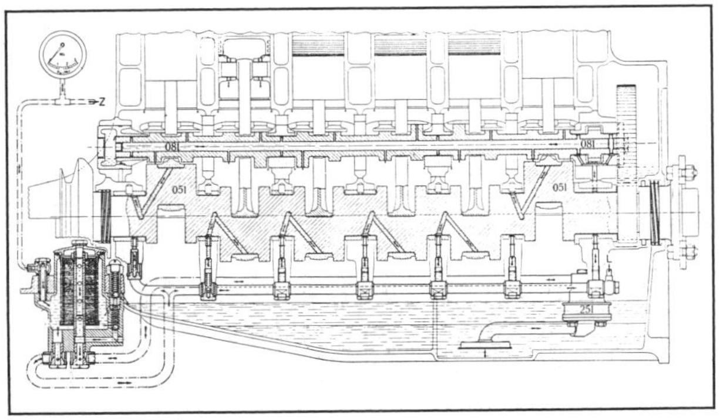

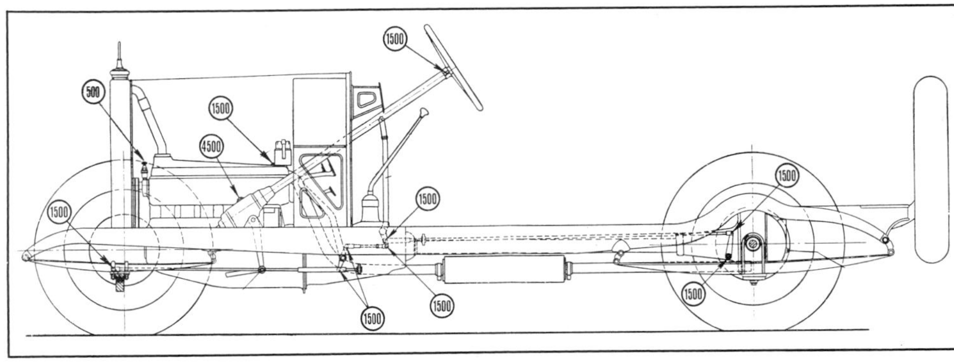

Oben: Schnitt durch den Motor und Fahrgestell-Zeichnung des Mercedes-Benz Stuttgart 260.

Links: Von der Maschine des Stuttgart 200 ist das auf 2581 ccm aufgebohrte Aggregat des Typs 260 kaum zu unterscheiden. Beim 200 ist der Kopf auf der Oberseite flach gehalten, das Kühlwasserrohr weist einen leichten Bogen auf.

Links: Spezial-Cabriolet D auf Basis eines Stuttgart 260, Baujahr 1930.

Rechts: Blick auf das Fahrgestell des 260. Wie beim 200, konnte man auch bei diesem Modell wahlweise ein Drei- oder Vierganggetriebe erhalten. Zwei Chassislängen standen zur Wahl.

Trittbretter. Recht attraktiv nahmen sich die Roadster aus, die man in Sindelfingen für die Alpenfahrten baute, zweisitzige Wagen mit flach abfallendem Heck und darin eingelassenen Reserverädern. Der 1928er Wagen dieser Bauart war noch ein 8/38 PS (Zweiliter Typ W 02) gewesen. Beim 1929er Alpen-Roadster handelte es sich um einen Stuttgart 260, bei dem die Kotflügel helmartig und weniger geschwungen die Räder abdeckten, wobei man auch auf Trittbretter verzichtet hatte. Wieviele Alpen-Roadster insgesamt aufgelegt worden sind, ist heute nicht mehr zu ermitteln.

Oben: Mercedes-Benz Stuttgart 260 in der Ausführung als viertürige Spezial-Limousine Baujahr 1930.

Rechts: Sogenannter Aussichtswagen – ein Stuttgart 260 mit transparenten Cellonscheiben im Dach.

Um 1929 tauchen bei Daimler-Benz auch jene Bezeichnungen für die unterschiedlichen Cabrioletaufbauten auf, wie wir sie noch heute kennen. Als A-Typ wurde der reine Zweisitzer bezeichnet, also ein Zweitürer mit seitlichen Kurbelscheiben. Auch das Cabriolet B war ein zweitüriges, aber viersitziges und vierfenstriges Fahrzeug, während der C-Typ, ebenfalls viersitzig und zweitürig, nur zwei Fenster, nämlich die der Türen, aufwies. Hier saß man im Fond also im »Dunklen«. Das D-Cabriolet war ein viertüriger Wagen mit vier bis fünf Sitzen und gegebenenfalls aufklappbaren Notsitzen im Fond, und als Typ F be-

In der Ausführung mit zusätzlichen Lüftungsklappen und ausstellbaren Seitenteilen der Motorhaube wurde dieser 260 als »Tropenausführung« bezeichnet. Rechts daneben ein Taxi-Landaulett von der Karosseriefabrik Hornig in Meerane, Sachsen.

Serienausführung der viertürigen Limousine Stuttgart 260 von 1932.

zeichnete man bei Daimler-Benz das Pullman-Cabriolet mit sechs statt der vier Fenster des Typ D. Unter dem E-Cabriolet verstand man die Luxusausgabe des C-Typs, ohne Trittbretter, mit seitlichen Reserverädern und großem Heckkoffer. Der Wagen wurde nur sehr selten gebaut. Vom Stuttgart 260 gab es in der Hauptsache die Cabriolet-Versionen A, C und D. Und wer einen ganz speziellen Wagen haben wollte, bestellte den 260 mit verlängertem Fahrgestell (3080 statt 2810 mm) – zum Beispiel F-Cabriolets und einige L 1000 wurden auf diesem Chassis aufgebaut. Diese Version gab es 1932/33 in einer kleinen Serie, die insgesamt nur fünfzig Fahrzeuge umfaßte. Im Jahre 1931 wurde für den Stuttgart 200 und 260 ein Schnellganggetriebe (»Spar- und Schongetriebe«) angeboten, wie es die großen Wagen auch hatten. Werksseitig wurde darauf hingewiesen, daß es mit dem Schnellganggetriebe nicht mehr erforderlich sei, besonderen Geländeverhältnissen entsprechend verschieden übersetzte Hinterachsen zu bestellen, mit denen man sich ja auch festlegte – nachträgliche Änderungen waren unmöglich. Beim Stuttgart 260 betrugen diese Übersetzungen 5,30, 5,66 oder 4,63:1. »Der Wagen hat jetzt für alle

Im Karosseriewerk Sindelfingen hergestellter Tourenwagen-Aufbau auf dem Fahrgestell eines Mercedes-Benz Stuttgart 260 in zweitüriger Standardversion, Baujahr 1929/30.

Oben: Der in Sindelfingen produzierte Stuttgart 260 als viertüriger Tourer, hier mit Einzelsitzen, Baujahr 1931.

Unten: Stuttgart 260 als viertüriger Tourenwagen mit Rechtslenkung, amerikanischem Verdeck, Luftklappen und Drahtspeichenrädern, offensichtlich eine Exportausführung. Das Foto stammt von 1929.

vorkommenden Geländeverhältnisse stets die richtige Übersetzung!« Praktisch handelte es sich um einen Overdrive im Verhältnis 0,76:1, den man durch einen kleinen Hebel am Lenkrad einschaltete. Für die Schalttätigkeit wurde der bei geschlossener Drosselklappe des Vergasers entstehende Unterdruck im Saugrohr nutzbar gemacht, deshalb mußte man beim Zuschalten den Fuß vom Gaspedal nehmen. Diesen Unterdruck verwendete man mitunter auch zum Antrieb von Scheibenwischern, zur Kraftstofförderung oder Bremsverstärkung. Bei zugeschaltetem Schnellgang verminderte sich die Motordrehzahl um rund 30 Prozent, und zwar in jedem Gang, den man eingelegt hatte. Somit standen dem Fahrer insgesamt sechs Schaltstufen zur Verfügung. Die Geräuschlosigkeit des Schnellgangs imponierte allgemein. Der Aufpreis für dieses Getriebe einschließlich Unterdruckschaltung und Montage belief sich auf 600 Mark. Allerdings konnte man das Schnellganggetriebe nicht nachträglich installieren – es sei denn, man wechselte das gesamte Originalgetriebe aus. Man kam billiger weg, wenn man – was Daimler-Benz durchaus empfahl – nachträglich ein Maybach-Getriebe einbauen ließ. Wer aber einen Neuwagen gleich

Oben links: Ein Roadster für die Alpenfahrt 1929, rechts daneben sein Vorgängermodell von 1928 (siehe auch Seite 78).

Links: Fahrgestell des Stuttgart 260 von 1930. Gut sichtbar sind die Lincoln-Federgurt-Stoßdämpfer.

Unten: Stuttgart 260 Cabriolet, Baujahr 1930.

Rechts: Zweitüriges Cabriolet C mit vorderen Einzelsitzen, deren Rükkenlehnen umlegbar sind. In den Türen gibt es geräumige Kartentaschen.

mit dem Mercedes-Schnellganggetriebe orderte, war für 600 Mark bestens bedient.

Die Konkurrenten des Stuttgart 260 waren der zeitgenössische Adler Standard 6 A (12/50 PS) und der etwas kleinere Typ 6 (10/45 PS), der Brennabor A (10/45 PS), der Ford A (13/40 PS), der Opel 80 (10/40 PS), ab 1930 auch der Röhr RA (10/55 PS) und nicht zuletzt der gutrenommierte Stoewer S 10 (10/50 PS), der zwar ein Achtzylinder, dennoch dem Mercedes vergleichbar war und in seinen Qualitäten als ganz hervorragend beurteilt wurde. Wanderer hatte mit seinem W 11 auch einen 10-PS-Wagen im Programm, und vom Preis her waren es vor allem die Amerikaner, die in den späten zwanziger Jahren auf dem deutschen Markt eine zunehmend wichtige Rolle spielten. Chevrolet, Buick und Cadillac wurden von General Motors in Deutschland nicht nur verkauft, sondern in der Nähe Berlins sogar montiert. 1928 setzte

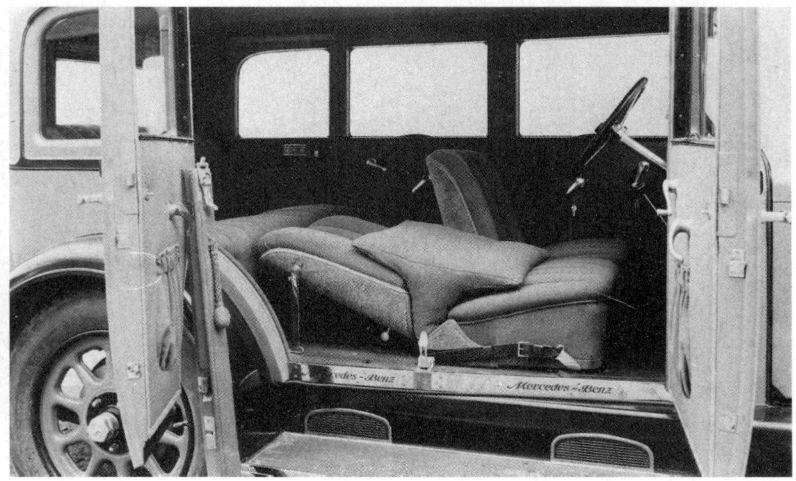

Interieur einer viertürigen Normal-Limousine (links oben) und eines »Arztwagens« mit Liegesitz und herausnahmbarem Mittelpfosten.

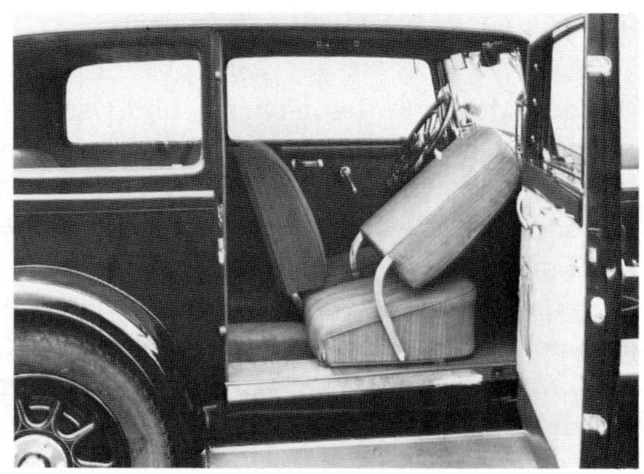

Rechts: Stuttgart 260 als zweitürige Limousine (Karosserie Reutter), die nur auf Bestellung angefertigt wurde.

Oben: Eine Reihe von viertürigen Limousinen vom Typ Stuttgart 260 vor der Auslieferung, 1932.

Rechts: Von Reutter karossierte Rolldach-Limousine mit verstärktem Fahrgestell, 1930. Solche Siebensitzer wurden als Taxi eingesetzt, so wie dieses Exemplar in Stuttgart.

General Motors in Deutschland und Österreich an die 12 000 Personenwagen ab, hinzu kamen 6000 Nutzfahrzeuge. Außerdem wurden bei uns Personenwagen der US-Marken Chrysler, Studebaker, Essex, Hudson und Willys montiert, auch gab es in Köln assemblierte Citroën aus Frankreich. Erst mit den Auswirkungen der Weltwirtschaftskrise ging der Anteil von Neuzulassungen ausländischer Fabrikate zugunsten deutscher Marken zurück, wovon auch Daimler-Benz profitierte. 1930 wurden in Stuttgart und Mannheim insgesamt 6500 Personenwagen hergestellt, 1931 nur noch 3300, 1932 dann wieder 5900. Den Stuttgart 260 gab es bis 1934, als Kübelwagen für das Militär bis 1935.

Unten: Der bekannte Missions-Pfarrer Schulte benutzte für seine ausgedehnten Reisen einen in Italien gebraucht erworbenen Mercedes-Benz Stuttgart 260. Dieses Bild entstand 1932 in Neapel.

Rechts: Karosseriearbeiten in Sindelfingen. Ein Cabriolet D wird bespannt; das Foto wurde im Sommer 1933 gemacht.

1500 sind von letztgenannter Ausführung gebaut worden; ihre Werkscode-Bezeichnung lautete W 11/IV.
Elektrische Scheibenwischer waren gegen Ende der zwanziger Jahre gang und gäbe, das Boschhorn schon länger. Fast alle Sportwagen versah man mit umlegbaren Windschutzscheiben. Cabriolets und Tourer wiesen meist eine in der Senkrechten geteilte Frontscheibe auf, deren Seiten sich einzeln nach vorn ausstellen lassen konnten, die Limousinen erhielten eine in der Waagrechten geteilte Scheibe, deren oberer Teil auszustellen war. Man fuhr häufig mit leicht ausgestellten Scheiben, um frische Luft in den Wagen zu bekommen. Dadurch vermied man ein Beschlagen der Scheiben, und da Wagenheizungen sowieso fast unbekannt waren oder sich auf Geräte beschränkten, die allenfalls für lauwarme Schuhsohlen sorgten, gab es auch keine Probleme entweichender Warmluft aus dem Wageninnern. Man pflegte sich in den kühleren Jahreszeiten etwas wärmer zu kleiden, wenn man ausfuhr – auch in der Limousine. Der lange, warme Fahrermantel und die Lederkappe waren für den Chauffeur eines offenen Wagens eine Selbstverständlichkeit, 1928 wie schon 1908 oder früher; nur im Sommer erlaubte man sich die Annehmlichkeit leichterer Autler-Garderobe.

Mit einem Dreiliter-Modell sollte die Brücke vom 8/38 PS zu den großen Kompressormodellen geschlagen werden. Dieser Wagen war der Vorläufer des späteren Typs Mannheim:

Mercedes-Benz 12/55 PS

Der 8/38 PS war nicht der einzige neue Wagen, den Daimler-Benz 1926 der Öffentlickeit präsentierte. Parallel zum Zweiliter gab es auch einen Dreiliter, den 12/55 PS W 03. Im Fahrgestell glichen beide Typen einander in vielen Details, wobei lediglich der Radstand auf 3430 mm ausgelegt war unter Beibehaltung der Spur von 1420 mm vorn und hinten. Vor allem zur Montage größerer Karosserien eignete sich das Chassis des 12/55 PS vorzüglich.

Der Sechszylindermotor (74 × 115 mm, 2968 ccm) wurde als Typ M 7456 bezeichnet, war allerdings mit 55 PS Leistung bei 3500 Touren ein wenig zu schwach ausgelegt, um schwergewichtige Aufbauten mühelos verkraften zu können. Von Haus aus mit einem Vierganggetriebe versehen, dessen Abstufungen 3,85, 2,29, 1,58 und 1,00 betrugen, bedingte der Wagen fleißige Arbeit am Schalthebel, um in flotter Fahrt zu bleiben. Die mit 5,40:1 übersetzte Hinterachse ergab im besten Fall eine Spitze von 100 km/h. »Praktisch schaltungsfrei zu fahren« – hieß es bei der Vorstellung des Wagens im Hinblick auf die Elastizität des Motors. Aber das stimmte zumindest dann nicht, wenn das Chassis schwere Aufbauten zu tragen hatte.

Interessanterweise hatte man dem Dreiliter nicht die Batteriezündung des 8/38 PS gegeben, sondern ihn mit einer Hochspannungs-Magnetzündung von Bosch ausgestattet. Auch lief die Wasserpumpe für den Kühlkreislauf nicht gemeinsam mit dem Ventilator, sondern saß neben

Oben: Elegantes Zweitüren-Cabriolet 12/55 PS. Die Karosserie entstand bei Drauz in Heilbronn. Die Schauspielerin v. Belajeff gewann 1926 mit diesem Wagen einen Ersten Preis beim Concours d'Elégance in Bad Saarow – selbst Hund und Chauffeur sind erfreut . . .

Modell	12/55 PS 300 (W 03)
Produktionszeit	1926–1927
Motor	Reihen-Sechszylinder M 7456
Bohrung, Hub, ccm	74×115 mm, 2968 ccm
Verdichtung	5,0:1
Leistung	55 PS bei 3500 U/min
Ventile, Steuerung	stehend, 1 seitl. Nockenwelle
Schmierung	Druckumlauf
Kühlung	Wasser, Pumpe
Vergaser	1 Zenith HKG
Elektrik, Zündung	12 V 40 Ah, Magnet
Kupplung	Mehrscheiben-Trockenkupplung
Getriebe	4-Gang
Lenkung	Schraubenspindel
Fußbremse	mech. Vierrad
Handbremse	mech. Hinterräder
Chassis	Preßstahlrahmen
Radstand, Spur v/h	3430, 1420 mm
Gesamtabmessungen	4650×1760×1920 mm (Limousine)
Bereifung	32×6,00/6,20
Tankinhalt	60 Liter
Leergewicht	1880 kg (Limousine)
Höchstgeschwindigkeit	100 km/h
Stückzahlen	1017
Preise	RM 9 500 (Chassis) RM 13 800 (Limousine)

Links: Der 12/55 PS war ein recht groß dimensionierter Wagen, wie sich an der nebenstehenden Dame erkennen läßt. Oben rechts: Willy Walb am Lenkrad eines 12/55 PS Tourenwagens bei der AvD-Kartellfahrt 1927.

Rechts: 12/55 PS Baujahr 1927 mit nachträglich montierten Klappwinkern.

anderen Aggregaten (Lichtmaschine etc.) neben dem Motor, so wie bei den großen Kompressormodellen. Und es gab einen Unterdruckförderer an der Spritzwand für den Kraftstoff, da sich der Tank – er faßte 60 Liter – beim Dreiliter im Heck des Fahrzeugs befand.
Der »jeder Konkurrenz auf dem Weltmarkt gewachsene« Wagen (Urteil der Presse anläßlich der Deutschen Automobilausstellung 1926) kostete als offener Tourer 11 800 Mark, als viertürige Limousine 13 800 Mark. Das unkarossierte Fahrgestell konnte man für 9500 Mark kaufen.
Der 12/55 PS wurde nicht in Untertürkheim, sondern einschließlich Aufbau in der Heimat des Benz, in Mannheim, hergestellt. 1926 betrug der Ausstoß nur 205 Exemplare, im ersten Halbjahr 1927 waren es 812. Zu diesem Zeitpunkt hatte der Wagen schon eine Reihe von Verbesserungen erfahren – praktisch erhielt er einen gänzlich neuen Motor.

1927 präsentierte Daimler-Benz bereits einen technisch modifizierten Nachfolger des Dreiliter, der 1929 abermals eine Überarbeitung erfuhr, doch ein Außenseiter blieb:

Mercedes-Benz 12/55 PS 300 und 320

Keine 1100 Einheiten waren vom 12/55 PS in seiner ersten Ausführung als W 03 1926/27 produziert worden, als man das Dreiliter-Modell in vielen Einzelheiten überarbeitet als W 04 herausbrachte. Das war im Sommer 1927. Äußerlich gab es keinerlei sichtbaren Unterschiede; wie bei den kleineren neuen Mercedes-Typen waren Tourenwagen, Limousinen und mehrere Cabriolets im Angebot, nur fuhr der neue 12/55 dem alten auf ebener Strecke glatt davon. Die neue Maschine gab dem Wagen wesentlich mehr Dampf. Die vielgerühmte Elastizität des Sechszylinders war hier aber endlich wieder verfügbar, in den oberen Gängen zog man mühelos ab, die Spitze von 110 Kilometer pro Stunde stand keineswegs nur im Prospekt. Und das war ein hohes Tempo in jenen Jahren.

Mit 76 × 115 mm war der Motor des W 04 (M 03) nicht nur kurzhubiger ausgelegt, sondern er hatte auch ein geringfügig höheres Hubvolumen erhalten: 3130 statt zuvor 2968 ccm. Die Verdichtung betrug jetzt 5,1:1, und vor allem hatte man bei der Neukonstruktion der Kurbelwelle dieser sieben statt vorher vier Lager verpaßt. Die Magnetzündung behielt man vorläufig bei.

Für das Modelljahr 1929 wurde – parallel zur Entwicklung des Stuttgart 260 – der W 04 abermals verändert. Der Motor erhielt jetzt, dem Wagencode entsprechend, die Bezeichnung M 04. Auffälligstes Merkmal: Die Magnetzündung war nun wieder aufgegeben worden und einer Bosch-Batteriezündung gewichen. Die Kapazität von 40 Ah hatten beide 12-Volt-Batterien gemein.

Der in seiner letzten Bauphase »Typ 300« genannte Vorgänger dieses Wagens war immerhin in 2485 Exemplaren hergestellt worden; der neue 320 brachte es dagegen auf nicht ganz zehn Prozent dieses Wertes. Von ihm bauten die Mannheimer nur 202 Stück, wie die

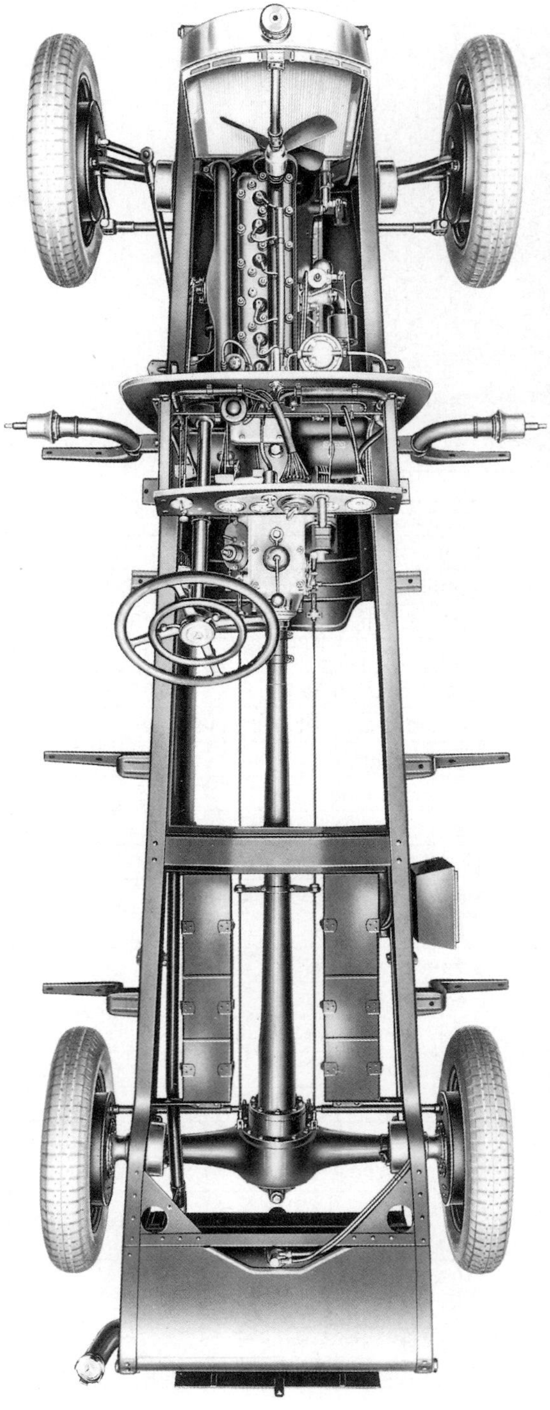

Links: Chassis-Aufsicht des 12/55 PS. Durch den Radstand von immerhin 3430 mm ergab sich für den Wagen eine beträchtliche Gesamtlänge, die je nach Aufbau bis zu fünf Meter betragen konnte. Gegenüberliegende Seite: 12/55 PS 3,1 Liter als zweisitziges Cabriolet mit großem Gepäckraum und zusätzlicher Kofferbrücke. Diese Karosserie blieb eine Einzelanfertigung.

Oben: Fahrgestell des 12/55 PS (W 04, 3,1 Liter) von 1927.

Werksstatistik aussagt. In den wirtschaftlich zunehmend schwierigen Zeiten gab es immer weniger Käufer für Fahrzeuge dieser Größenordnung, die ein Auflegen größerer Serien hätten rechtfertigen können. Vielleicht hatte es sich auch herumgesprochen, daß der 12/55 PS sowohl als Typ 300 wie in seiner anschließenden Ausführung als Typ 320 untermotorisiert war. In einem leichteren Fahrzeug vom Kaliber eines Stuttgart 200 hätte die an sich ausgezeichnete Dreiliter-Maschine ihre Qualitäten voll ausspielen können, eine vollbeladene Pullman-Limousine mit einem Gesamtgewicht von 2750 Kilogramm mußte den 55-PS-Motor jedoch überfordern. Allein das Fahrgestell wog schon 1250 Kilogramm. Sporterfolge, die auf einigen Zuverlässigkeitsfahrten mit dem 300/320 errungen wurden, gingen dann auch mehr auf das Konto des enormen Durchhaltevermögens des Sechszylinders bei mäßiger Beanspruchung – auch hatten solche Sportwagen leichte

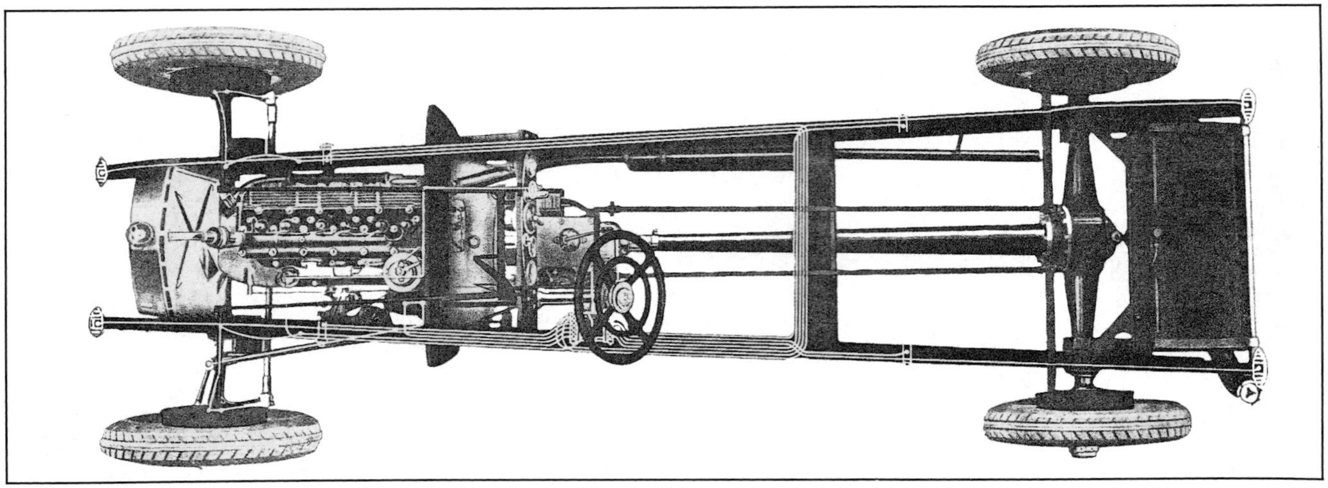

Chassiszeichnung des 12/55 PS.

Prüfung der vorderen Radlager an einem Mercedes-Benz 12/55 PS. Der Wagen gehörte bis 1939 einer Münchner Fahrschule.

Modell	12/55 PS 300 (W 04)	12/55 PS 320 (W 04)
Produktionszeit	1927–1928	1929
Motor	Reihen-Sechszylinder M 03	Reihen-Sechszylinder M 04
Bohrung, Hub, ccm	76×115 mm, 3130 ccm	76×115 mm, 3130 mm
Verdichtung	5,1:1	5,1:1
Leistung	55 PS bei 3200 U/min	55 bei 3200 U/min
Ventile, Steuerung	stehend, 1 seitl. Nockenwelle	stehend, 1 seitl. Nockenwelle
Schmierung	Druckumlauf	Druckumlauf
Kühlung	Wasser, Pumpe	Wasser, Pumpe
Vergaser	1 Zenith 36 HK	1 Zenith 36 HK
Elektrik, Zündung	12 V 40 Ah, Magnet	12 V 40 Ah, Batterie
Kupplung	Mehrscheiben-Trockenkupplung	Mehrscheiben-Trockenkupplung
Getriebe	4-Gang	4-Gang
Lenkung	Schraubenspindel	Schraubenspindel
Fußbremse	mech. Vierrad	mech. Vierrad
Handbremse	mech. Hinterräder	mech. Hinterräder
Chassis	Preßstahlrahmen	Preßstahlrahmen
Radstand, Spur v/h	3430, 1420 mm	3430, 1420 mm
Gesamtabmessungen	4650×1760×1920 mm (Limousine)	4650×1760×1920 mm (Limousine)
Bereifung	32×6.00/6.20	32×6.00/6.20
Tankinhalt	60 Liter	85 Liter
Leergewicht	1980 kg (Limousine)	1980 kg (Limousine)
Höchstgeschwindigkeit	110 km/h	110 km/h
Stückzahlen	2485	202
Preise	RM 9500 (Chassis) RM 13800 (Limousine)	RM 10250 (Chassis) RM 14550 (Limousine)

Roadster- oder Tourenwagen-Aufbauten mit zwei oder höchstens vier Sitzplätzen. Limousinen setzte man hier natürlich nicht ein.
Mit der völligen Überarbeitung des kleineren Stuttgart-Modells, mit dem der Wagen 1929 eine veränderte Charakteristik erhielt, wurde auch der 12/55 PS noch einmal gründlich revidiert. Er mauserte sich zum W 09 oder Typ 350. Wer die bisherigen Maßeinheiten bevorzugte, sprach vom Mercedes-Benz 14/60 PS; die Steuer-PS-Bezeichnungen hielten sich in Deutschland noch sehr lange.

Links: Der Sechszylindermotor des 12/55 PS 3,2 Liter. Bis auf einen anderen Vergaser kein Unterschied zum 3,1 Liter.

Unten: Viertüriges Cabriolet mit Drahtspeichenrädern, Typ 320 12/55 PS. Ein Werbefoto an der Solitude.

Als W 09 mit 60-PS-Motor war aus dem 12/55 PS ein leistungsfähiger Wagen der oberen Mittelklasse geworden, dem man ausgezeichnete Fahrqualitäten bescheinigen durfte:

Mercedes-Benz 14/60 PS Mannheim 350

Um dem Dreiliter auf die Sprünge zu helfen, bedurfte es eigentlich nur einiger zusätzlicher Pferdestärken. In diversen Prozessen der Verbesserung und Vervollkommnung war aus dem alten M 7456 von 1926 allmählich ein modernes, leistungsfähiges Arbeitsaggregat geworden, dem Hans Nibel 1929 den letzten Schliff angedeihen ließ. Er machte aus dem Sechszylinder einen 3,5 Liter (W 09), was zur Modellbezeichnung 350 führte. Auf diesen Motor wollen wir uns hier konzentrieren. Parallel hatte man auch einen 3,7 Liter entwickelt, der als W 10 bekannt wurde, aber im Hinblick auf seine weitere Karriere als Fahrzeug der dreißiger Jahre anzusehen ist und deshalb Gegenstand des zweiten Bandes dieser Reihe sein soll.

Der W 09 oder 14/60 PS 350 war der erste Wagen dieser noch weiterreichenden Baureihe, der den Beinamen »Mannheim« – in Beziehung zu seiner Geburts- und Fertigungsstätte – erhielt. In den Jahren 1929 und 1930 wurden von diesem Wagen 735 Exemplare gebaut. Als W 10 – aber noch nicht mit dem bereits erwähnten 3,7-Liter-Motor, sondern mit der 3444-ccm-Maschine – gab es in jenen beiden Jahren ebenfalls einen Typ 350, von dem 65 Exemplare das Werk verließen. Der Unterschied zwischen den Motoren M 09 und diesen ersten M 10 ist gering, ihn machten eine etwas angehobene Verdichtung, ein anderes Getriebe (mit länger untersetztem zweiten Gang) und ein größer dimensionierter Vergaser aus.

Beim Mannheim 350, dessen auf 80 mm aufgebohrter Motor bei

Oben: Mercedes-Benz Mannheim 350 als viertürige Limousine (Karosserie Sindelfingen) mit Trennscheibe und zusätzlichen Klappsitzen im Fond. Das Foto entstand im Frühjahr 1929.

Cabriolet D, gebaut in Sindelfingen 1929. Bei heruntergekurbelten Türscheiben lassen sich die verchromten Rahmenteile umlegen. Dieses Auto kostete 15 000 Reichsmark.

Unten: Sonderausführung der viertürigen 3,5-Liter-Limousine von 1929. Dieses Fahrzeug hat einen mit Kunstleder bespannten Aufbau nach Weymann-Patenten.

Modell	14/60 PS Mannheim 350 (W 09)
Produktionszeit	1929–1930
Motor	Reihen-Sechszylinder (M 09)
Bohrung, Hub, ccm	80×115 mm, 3444 ccm
Verdichtung	5,0:1
Leistung	60 PS bei 3200 U/min
Ventile, Steuerung	stehend, 1 seitl. Nockenwelle
Schmierung	Druckumlauf
Kühlung	Wasser, Pumpe
Vergaser	1 Zenith 39 HK
Elektrik, Zündung	12 V 60 Ah, Batteriezündung
Kupplung	Mehrscheiben-Trockenkupplung
Getriebe	4-Gang
Lenkung	Schraubenspindel
Fußbremse	mech. Vierrad
Handbremse	mech. Hinterräder
Chassis	Preßstahlrahmen
Radstand, Spur v/h	3430, 1420 mm
Gesamtabmessungen	3430×1760×1920 mm (Limousine)
Bereifung	32×6.00/6.20
Tankinhalt	85 Liter
Leergewicht	1800 kg (Tourer)
Höchstgeschwindigkeit	100–110 km/h
Stückzahlen	735
Preise	RM 14 000 (Limousine) RM 10 800 (Tourer)

3444 ccm Hubraum 60 PS leistete, gab es eine Reihe von Neuigkeiten, die in der Presse gebührend herausgestellt wurden. Der Nockenwellenantrieb wurde wie beim Vorgängermodell von der Kurbelwelle über Stirnräder bewerkstelligt, auch hatte man die Batteriezündung beibehalten. Den Zündzeitpunkt konnte man jetzt aber vom Lenkrad aus regulieren, dafür war der Chokehebel in Form eines Zugknopfes ans Armaturenbrett gewandert. Auch die Scheinwerfer-Abblendung geschah vom Lenkrad aus. Der Antrieb der Zahnrad-Ölpumpe und des Zündverteilers erfolgte wieder über eine senkrechte, von der Nockenwelle angetriebene Hilfswelle. Die Zentralschmierung gab es ebenfalls wieder, sie arbeitete mit dem Öl des Motors, dessen Vorrat acht Liter betrug.

Für die Vorderradbremse gab es beim 350 eine Ausgleichsfeder, die im Extremfall auch ein Blockieren der Räder – bis zu einem bestimm-

Mannheim: 350 als offener Tourenwagen Baujahr 1930.

ten Grad – auffing (»Hier zeigt sich die Sorgfalt des Konstrukteurs!« schrieb der *Motor*).
Zur Serienausstattung des Fahrzeugs gehörte nicht nur ein großer, wohlgefüllter Werkzeugkasten, parallel zum Batteriekasten im Chassis eingebaut (zugänglich durch eine Klappe oberhalb des rechten Trittbretts), sondern auch ein weiterer Behälter am Fahrgestell für besonders sperrige Werkzeuge. Zur Standardausrüstung zählte auch ein Ventilheber, und selbst eine großdimensionierte Reifenluftpumpe, fest neben dem Getriebe installiert, hatte man nicht vergessen.

Wahlweise gab es den Mannheim noch immer als Rechtslenker, auch konnte man die sportlicheren Karosserien mit Drahtspeichen- statt mit Holz- und später Stahlspeichenrädern bekommen. Je nach Aufbau standen Reifen der Größen 32 × 6.00 oder 32 × 6.20 zur Wahl. Entscheiden konnte man sich auch zwischen einer Hinterachs-Übersetzung von 5,40 oder 5,00; wer häufig Steigungen zu bewältigen hatte, entschied sich für die höher übersetzte Achse.
Mit einer Tankfüllung des 85-Liter-Reservoirs kam man im Regelfalle 400 bis 450 Kilometer weit. Das Ende der zwanziger Jahre noch nicht

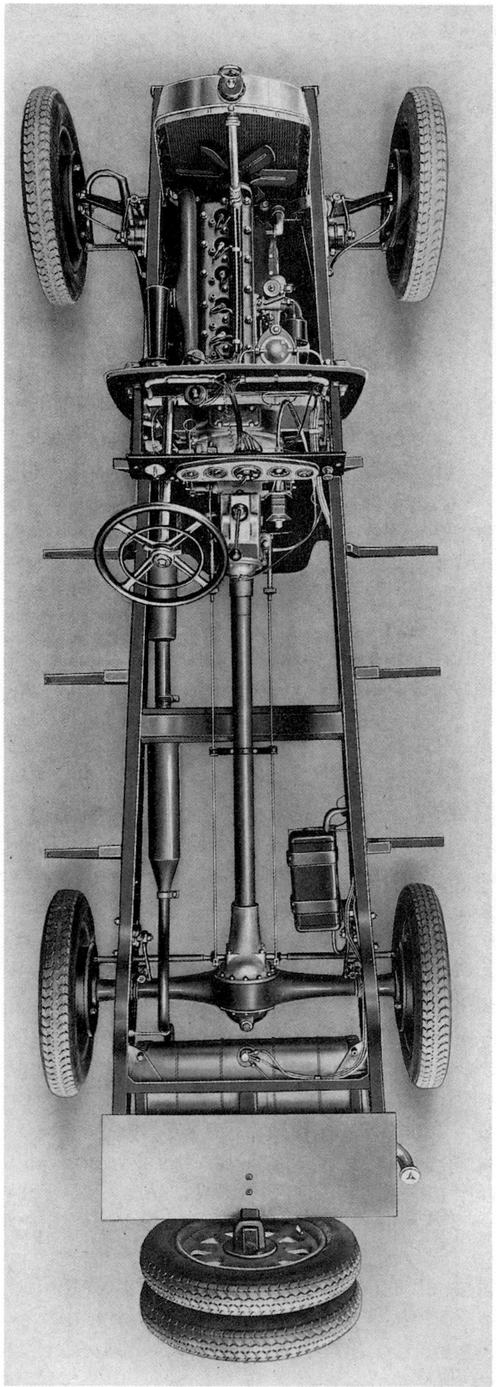

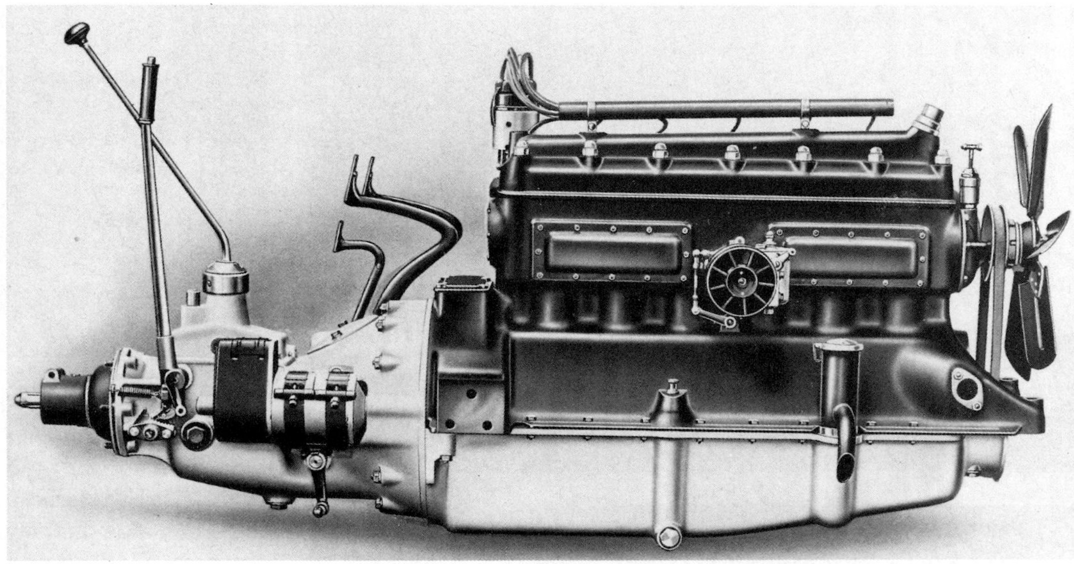

Ganz oben: Motor des Mannheim 350 mit angeblocktem Getriebe. Darunter das komplette Fahrgestell des Mannheim 350.

Links: Chassis-Aufsicht. In vielen Einzelheiten unterscheidet sich der 350 vom Vorgänger.

allzu dichte Tankstellennetz machte große Füllkapazitäten notwendig, wenngleich man auch nur in Ausnahmefällen lange Strecken zurückzulegen pflegte. Der statistische Jahresschnitt betrug 1929 keine 10000 Kilometer beim Privatfahrzeug. Nicht zuletzt aus diesem Grunde waren Automobile jener Zeit ungleich langlebiger als die Gebrauchsfahrzeuge ein, zwei Generationen später. Langes Reisen im 350 war aber auch keine Strapaze. Die Straßenlage des Underslung-Fahrgestells (Achse oberhalb der hinteren Blattfedern) war sehr gut, die Insassen hörten so gut wie keine Motorgeräusche, die Bedienung

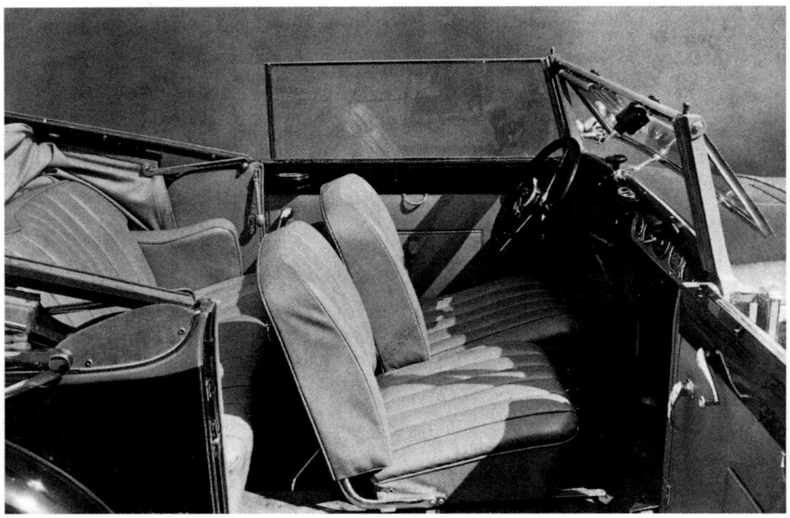

Ganz oben: Motor des Mannheim 350, hier mit einem anderen Luftfilter (vgl. Seite 99). Darunter Interieur des zweitürigen Cabriolets C, 1930.

Die ausstellbare Windschutzscheibe war damals eine Selbstverständlichkeit.

Oben rechts: Mannheim 350 als viertüriger Tourenwagen mit sogenanntem amerikanischem Verdeck, das an der Rückseite zwei kleine, ovale Fenster aufwies.

des Wagens war den Ansprüchen des »Herrenfahrers« gemäß durchdacht. Es gab weniger Plüsch und auch Holz als bei vorangegangenen Modellen, so war etwa auch das Instrumentenbrett jetzt aus Metall. Durch das Herausziehen einer kleinen Lampe konnte man es beleuchten – indirekte Instrumentenbeleuchtung gab es noch nicht.
Selbstverständlich war die Ausstattung eines Mercedes mit zwei Ersatzrädern – und beim Mannheim 350 saßen sie wieder beidseits auf den Trittbrettern am vorderen Kotflügel.
Als nicht unbedingt notwendigen Luxus erachtete man indessen ein zweites Rücklicht. Eins war gesetzlich nur vorgeschrieben – und das tat's dann auch.
Groß war die Vielfalt der Karosserievarianten für den 350. Die sechsfenstrige, viertürige Limousine (auch mit Separation) konnte man mit aufklappbaren Notsitzen bekommen, dann gab es zwei-, vier- und sechssitzige Cabriolets der Typen A bis F und einen viertürigen Tourenwagen, wahlweise mit vier oder sechs Sitzen. Neu im Angebot war eine Cabriolimousine, bei der sich das Stoffverdeck durch einige eingearbeitete Bügel, die quer über den Wagen verliefen, in seitlichen Schienen nach hinten schieben ließ. Die in der Mitte angelenkten Türen wiesen keine durchgehenden Mittelpfosten auf, sondern schlossen in ihren Rahmen dicht gegeneinander ab. Das ermöglichte große seitliche Fensterflächen. Bei Daimler-Benz hieß dieser Aufbau »Allwetterkarosserie«. Einen integrierten Kofferraum hatte keines der Modelle.
Auf die Anfrage eines Hamburger Mercedes-Händlers, wann die neuen Prospekte für die Wagen vom Typ 350 zu haben seien, antwortete die Werbezentrale am 5. September 1928, daß nicht beabsichtigt sei, für diesen Fahrzeugtyp eigene Prospekte herauszubringen, da »sowohl im Fahrgestell als auch in der Karosserie ein Unterschied zum Typ 320 nicht besteht«. Gedruckt wurde statt dessen ein Einlageblatt zum Prospekt des 320, das die Unterschiede aufzeigte. Conrad Hinrich Donner zu Hamburg war's zufrieden.

Oben: Cabriolet C, viersitzig, mit Werkzeugkasten im vorderen Kotflügel (die Batterie hatte ihren Platz unter dem Wagenboden).

Rechts: Mercedes-Benz Mannheim 350 als viertüriger Tourenwagen von 1929.

Als Antwort auf den großen Horch brachte Daimler-Benz 1928 einen Achtzylinder heraus. Der repräsentative Qualitätswagen blieb mehr als zehn Jahre im Verkaufsprogramm:

Mercedes-Benz 18/80 PS Nürburg 460

Der in der Konstruktion eines reinen Rennmotors mit zwei Liter Hubraum und acht Zylindern im Jahre 1924 so erfolgreiche Ferdinand Porsche hatte damals dafür plädiert, auch einen Achtzylinder-Personenwagen ins Mercedes-Programm aufzunehmen. Sein zu Horch abgewanderter Vorgänger Paul Daimler mochte bei Porsche hierfür den Keim des Gedankens gelegt haben. Und es war auch ein Horch, der 1926 als erster deutscher Serienwagen einen Achtzylindermotor unter der Haube hatte, ein Doppel-ohc-Aggregat (wie Porsches Rennmotor von 1924) von 3,2 Liter Hubraum.

Daimler-Benz mußte zur Kenntnis nehmen, daß sich ein Teil ihrer bislang so markentreuen Kundschaft für diesen Horch stark interessierte. Achtzylinder waren auch in etlichen Qualitätswagen aus den Vereinigten Staaten zu finden, mit denen der Horch übrigens auch äußerlich frappante Ähnlichkeit aufwies. Man verschloß sich in Mannheim und Untertürkheim diesem Trend nicht und erteilte Konstruktions-Chef Porsche umgehend den Auftrag, ebenfalls ein Achtzylinder-Automobil zu entwickeln, das hinsichtlich aller Eigenschaften den Kompressormodellen (24/100/140, 26/110/160 PS) um nichts nachstehen sollte, dennoch deren Sportlichkeit bis zu einem gewissen Grad entbehren durfte – zugunsten eines starken Repräsentationsanspruches, den der Wagen als Achtzylinder (acht waren immerhin mehr als sechs!) erfüllen sollte. Und was Porsche innerhalb relativ kurzer Zeit in Gestalt des »Nürburg« genannten Wagens auf die Räder stellte, war ein vergleichsweise gelungenerer Wurf als der 8/38 PS oder 12/55 PS.

Die Internationale Automobil- und Motorrad-Ausstellung 1928 in Berlin war in vieler Beziehung eine Veranstaltung der Superlative. 600 Aussteller zeigten ihre Erzeugnisse. Nach der Eröffnungsansprache

Ganz oben links der viertürige Tourer, rechts daneben eine Pullman-Limousine mit Separation, Baujahr 1928/29.

Der Tourer in Luxusausführung mit Zierlinien und schräger Windschutzscheibe stammt von 1930/31.

Gegenüberliegende Seite: Nürburg 460 von 1928 als viertürige Limousine.

Fahrgestell des Mercedes-Benz Nürburg 460. Der Kraftstofftank faßte 90 Liter.

durch den Wirtschaftsminister Dr. Curtius drängte alles zum Stand der Daimler-Benz AG – hier gab es den neuen Achtzylinder zu sehen, ein 18/80 PS, genannt Nürburg 460. Der bekannte Autor und Fachjournalist Frank Arnau schrieb über die Entstehung dieses Modells: »Die Kompressorwagen des Hauses richten sich an einen recht eng umrissenen Abnehmerkreis, sie sind preislich und in der Gesamthaltung nur wenigen Fahrzeugfreunden zugänglich. Der innerdeutsche Markt konnte durch sie in den Klassen der 6- bis 7sitzigen Wagen nicht erfaßt werden. Mit den großen ›echten‹ Siebensitzern des Auslandes können die Sechsliter von Mercedes-Benz zwar preislich konkurrieren, bei den ausländischen 3,5- bis 5-Liter-Siebensitzern aber bedeutete der Gedankengang zum Nürburg Achtzylinder den Weg, preislich und dem Verbrauch nach gerade für Sechs- bis Siebensitzer hervorzutreten.« Arnau betonte, daß der Wagen bei aller Schnittigkeit ausge-

Obere Bildreihe: Nürburg 460 Frontpartie bei der Limousine, beim Tourer und beim Sportwagen mit umlegbarer Scheibe.
Links: Pullman-Limousine mit zwei ovalen Rückfenstern, 1929.

Rechts: Viertüriges Nürburg-Cabriolet mit Trittbrettkoffer und ungewöhnlichen Rückleuchten.

sprochen seriös wirke – und darauf kam es damals schon sehr an. Der große, repräsentative Wagen mit dem Achtzylinder-Reihenmotor unter der langen Haube war größer und stärker als sein Konkurrent Horch, mit einem Preis von 15 000 Mark für die Pullman-Limousine auch um 2000 Mark teurer als der Zwickauer. Wie jener geriet der Nürburg aber keineswegs zu einem Großserienwagen. Stück für Stück wurde dieses Fahrzeug im Mannheimer Werk in Handarbeit gefertigt; im Tagesdurchschnitt kam man auf vier Exemplare, 1929 waren es fünf. 1933 lief die Produktion des 4,6 Liter aus zugunsten eines bereits 1931 vorgestellten Nachfolgers mit fünf Liter Hubraum und entsprechend höherer Leistung. Insgesamt wurden vom Nürburg mit 4,6-Liter-Motor 2893 Exemplare gebaut, der Nürburg 500 – dessen Beschreibung indessen nicht zum Inhalt dieses Bandes gehört – brachte es auf keine 1000.

Die technische Raffinesse des Horch-Motors mit zwei obenliegenden Nockenwellen hatte der Nürburg nicht zu bieten. Sein Aggregat (M 08) war seitengesteuert mit stehenden Ventilen. Die Nockenwelle wurde über Stirnräder angetrieben. Bei 80 mm Bohrung und 115 mm Hub –

Modell	18/80 PS Nürburg 460 (W 08)
Produktionszeit	1928–1933
Motor	Reihen-Achtzylinder (M 08)
Bohrung, Hub, ccm	80×115 mm, 4624 ccm
Verdichtung	5,00:1
Leistung	80 PS bei 3200 U/min
Ventile, Steuerung	stehend, 1 seitl. Nockenwelle
Schmierung	Druckumlauf
Kühlung	Wasser, Pumpe
Vergaser	1 Zenith 40 oder Solex 40
Elektrik, Zündung	12 V 60 Ah, Batteriezündung
Kupplung	Mehrscheiben-Trockenkupplung
Getriebe	4-Gang (ab 1929 wahlw. Schnellgang)
Lenkung	Schraubenspindel
Fußbremse	mech. Saugluft-Vierrad
Handbremse	mech. Hinterräder
Chassis	Preßstahl-Nierrahmen
Radstand, Spur v/h	3670 (ab 1931 auch 3430), 1420 mm
Gesamtabmessungen	4890×1760×1920 mm (Limousine)
Bereifung	32×6.50
Tankinhalt	90 Liter
Leergewicht	2150 kg (Limousine)
Höchstgeschwindigkeit	100 km/h
Stückzahlen	2893
Preise	RM 17 500 (Limousine) RM 15 000 Tourer)

Links: Nürburg 460 Cabriolet D Baujahr 1929 vor stilvoller Kulisse.

Oben: Als Delegationswagen diente bei einer internationalen Konferenz im Juni 1929 in Madrid dieser Mercedes Nürburg.

wie beim Mannheim 350 – ergaben sich 4624 ccm Hubraum, gut für 80 Pferdestärken bei 3200 U/min. Bei 1200 Touren wies der bullige Motor ein Drehmoment von 24,2 mkp auf. Die Kurbelwelle war neunfach gelagert, das Gehäuse durch sieben dicke Gußrippen verstärkt. Die Chromnickelstahl-Welle, perfekt ausbalanciert, war vorn mit einem Schwingungsdämpfer versehen, der durch Gleitsegmente drehzahlabhängig progressiv wirkte. Saugrohr-Vorwärmung, Kühlwasserthermostat, Druckumlaufschmierung waren selbstverständlich. Als Vergaser fand zunächst ein Zenith-, ab 1930 ein Solex-Gerät Verwen-

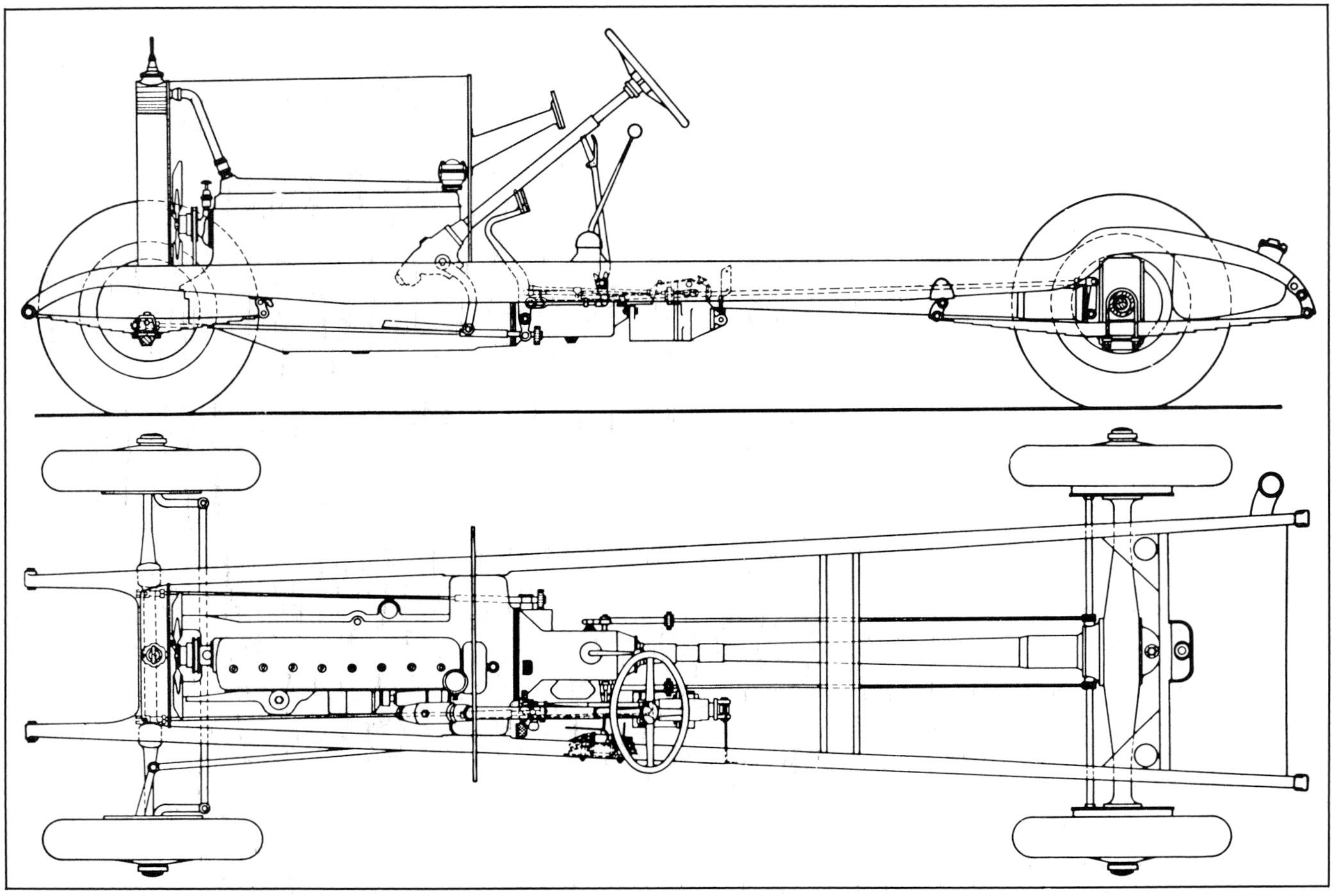

Links: Fahrgestellzeichnung des Mercedes-Benz Nürburg 460. Es gab den Wagen anfänglich mit einem Standard-Radstand von 3670 mm, ab 1931 war auch ein kurzes Sportchassis von 3430 mm Radstand lieferbar.

Unten links: Als zweisitziger Roadster karossierter Nürburg 460. Rechts daneben die viertürige Limousine, die mit Holzspeichenrädern geliefert wurde.

Rechts: In Sindelfingen gebautes Spezial-Cabriolet D von 1930. Darunter ein offener Tourer mit herausklappbaren Notsitzen und umlegbarer Windschutzscheibe, Baujahr 1931.

dung. Bis auf eine kleine Serie (1929) hatten alle Nürburg-Modelle Batterie-Zündung. Um eine möglichst niedrige Bauhöhe und von vornherein eine gute Straßenlage zu erreichen, hatte man den Wagen recht tief gehalten, und zwar durch ein Niederflur-Chassis, bei dem die hinteren Blattfedern nach Underslung-Manier unterhalb des Achskörpers verliefen. Das Vierganggetriebe war mit dem Motor über eine Mehrscheiben-Trockenkupplung verbunden; die Übersetzungen lauteten 3,85, 2,30, 1,58, 1,00. Ab 1929 war das Getriebe auch mit dem zusätzlichen Schnellgang (1:0,70) lieferbar. Aufpreis: 1400 Mark.
Der schwere Wagen – das Fahrgestell allein mit seinen 3670 mm Radstand wog mehr als anderthalb Tonnen! – benötigte auch besonders wirkungsvolle Bremsen. Sie arbeiteten mit Unterdruck aus dem Saugrohr des Motors (System Bosch/Dewandre) – »sie wirkt ganz unmittelbar und weich«, wie ein Tester der *Auto-Revue* 1929 konstatierte.
Was ihn außerdem beeindruckte: die leichtgängige Lenkung. »Für einen schweren Wagen, wie ihn der Nürburg darstellt, ganz erstaunlich. Das Steuer kehrt nach jedem Anschlag selbsttätig in die Normalstellung zurück.« Dem Motor bescheinigte er einen ruhigen, leisen

Lesen Sie bitte weiter auf Seite 122

Rechts: Interieur einer Nürburg-Pullman-Limousine. Auch die rückwärtigen Seitenfenster sind versenkbar.

Links: Eine andere Ausführung der Pullman-Limousine. An der Decke ein Gepäcknetz, zum Fahrerabteil läßt sich die Separation durch ein Springrollo abdecken.

Rechts: Viersitzer-Tourer Mercedes-Benz S, Baujahr 1931, aus der Sammlung Brooks Stevens, Milwaukee/USA.

Aus dem Fotoalbum des Mercedes-Benz-Liebhabers

Jeder einzelne Wagen, den die Farbbilder der nächsten Seiten zeigen, ist das Ergebnis aufwendiger, sorgfältiger Handarbeit. Nur wenige dieser kostbaren Mercedes-Benz-Automobile, über ein halbes Jahrhundert alt, haben die Wirren der Zeit überlebt; um so liebevoller nahm man sich ihrer Restaurierung und Pflege an. Ergänzt durch fotografische Zeitdokumente aus den »Roaring Twenties«, vermittelt die Bilderkollektion der nächsten sechzehn Seiten dem Betrachter einen interessanten Eindruck von der Automobilwelt früherer Zeiten.

IA-18767

Links: 26/120/180 PS Mercedes-Benz S, Baujahr 1927.

Rechts: Mercedes-Benz Nürburg 460 als viersitziger Tourenwagen, Baujahr 1931.

Links: Mercedes 27/160/200 PS SS, Baujahr 1931, als viersitziger Sportwagen karossiert.

Rechts: Mercedes-Benz SS Tourer, Baujahr 1928.

Links: Eröffnungsrennen auf dem Nürburgring am 19. Juni 1927. Caracciola (1) und Rosenberger (2) steuern S-Wagen, Mosch (3) einen privaten K Tourer.

Rechts: Caracciola am Lenkrad eines SSK beim Klausenpaß-Rennen.

Oben: Mercedes-Benz SSK Sportzweisitzer von 1929. Das seltene Fahrzeug gehört dem amerikanischen Sammler Briggs Cunningham.

Rechts: Mercedes-Benz S mit nachträglich angefertigtem Aufbau, der nicht in allen Details dem Original entspricht.

Oben: Mercedes-Benz Nürburg 460, Baujahr 1929. Die große Limousine ist in der typischen Lakkierung von einst gehalten und gehört zum Bestand des Daimler-Benz-Museums in Stuttgart.

IA 3896

Links: Die Prominenz bevorzugte seit jeher schnelle und elegante Mercedes-Fahrzeuge. Hier der japanische Regisseur Kawakita als Passagier in einem 26/120/180 PS. Die Aufnahme entstand auf der Avus in Berlin.

Oben: Lilian Harvey war treue Mercedes-Kundin und besaß mehrere Sportwagen, so auch dieses 1931er von Erdmann & Rossi karossierte SS Cabriolet. Das Foto trägt ihr Autogramm.

Links: Inserat aus dem Jahre 1927, dessen Innenfeld zu verschiedenen Anlässen mit aktuellen Texten versehen wurde. Das Motiv stellt einen 24/100/140 PS Tourenwagen dar.

Links unten eine Anzeige von Castrol, die im Sommer 1926 nach Carraciolas Mercedes-Sieg auf der Avus erschien.

Das Inserat unten wurde im Katalog der südamerikanischen Automobilausstellung 1929 in Buenos Aires veröffentlicht.

Links: Einer der wenigen heute noch in absolutem Originalzustand befindlichen Mercedes-Benz SSK. Der Wagen gehört einem deutschen Sammler klassischer Mercedes-Wagen und wurde in mühevoller Arbeit restauriert.

Oben: Seitenansicht des langen Fahrgestells (3670 mm Radstand) des Nürburg 460.

Rechts: Pullman-Limousine mit Gepäckbrücke am Heck und Separation, Baujahr 1930/31.

Unten: Landaulet-Karosserie auf dem Fahrgestell eines Mercedes-Benz Nürburg 460 von 1930. Das Verdeck des Fahrerabteils ist in das Dach des Mittelteils eingeschoben.

Lauf. »Bei höherer Geschwindigkeit, die auf der Geraden 110 km/h erreichte, konnte kein lästiges Vibrieren festgestellt werden, und bei niedrigster Tourenzahl im direkten Gang zeigte sich die gleiche Geschmeidigkeit. Das Gefühl der Freude und Fahrsicherheit in diesem Wagen wird durch die sorgfältige Gewichtsverteilung, die fast nie eine Schleuderneigung aufkommen läßt, unterstützt. Eine Ermüdung des Fahrers infolge der Schwere des Fahrzeugs war nicht festzustellen . . .«

Um das Wagengewicht in Grenzen zu halten, hatte man die Kurbelwanne des Motors wie auch das Getriebegehäuse aus Leichtmetall gemacht. Doch eine große Zahl – wenn auch sehr praktischer – Extras

Holzgerippe einer Limousinen-Karosse für den Nürburg 460. Die löffelartigen Hölzer in den Ecken des Fond waren zur Aufnahme von Innenleuchten bestimmt. Das Foto wurde im Sommer 1928 gemacht.

Unten: Maßskizze des Pullman-Interieurs Nürburg 460.

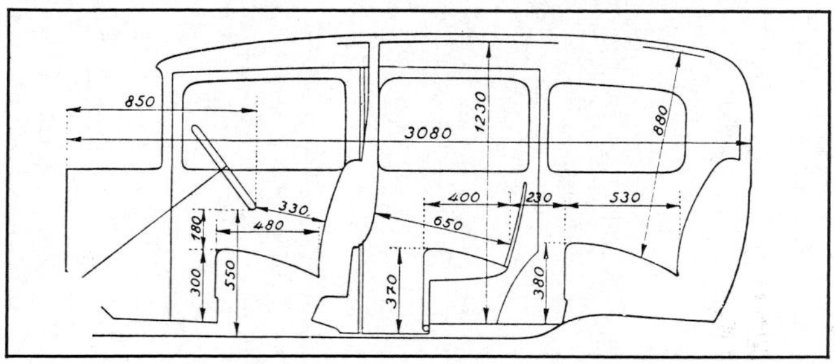

Links: Siebensitzige Pullman-Limousine Mercedes-Benz Nürburg 460, 1930/31. Wie damals üblich, war der Dacheinsatz aus einem gewichtssparenden, gummibeschichteten Material gefertigt.

wie eine mit Motorkraft arbeitende Luftpumpe, breite, massive Trittbretter, massige 20-Zoll-Räder, schwere Heckkoffer übertraf alle Gewichtseinsparungen um das Mehrfache. Die fahrbereite Limousine brachte – ohne Insassen – 2150 kg auf die Waage. Natürlich gab es auch leichtere Aufbauten, vor allem auf dem 1931 herausgebrachten Kurz-Chassis (460 K) mit 3430 mm Radstand. Ein Normverbrauch von 25 Liter Benzin und mehr pro 100 Kilometer war aber beim langen wie beim kurzen 460 die Regel.

Bankier Baron Alfons von Rothschild war einer der vielen Prominenten aus Wirtschaft und Politik, die einen Nürburg bestellten. Für ihn schraubte man aber die Nickelleisten mit dem Schriftzug »Mercedes-Benz« ab, die sichtbar wurden, wenn man die Wagentüren öffnete. Rothschild war der Ansicht, ein Luxuswagen wie der Nürburg habe derlei zusätzliche Firmenschilder nicht nötig.

Bescheidene Einsätze mit dem Nürburg im Sport gab es ebenfalls. Sportlich karossierte Wagen nahmen an Sternfahrten wie jene nach Wiesbaden 1929 teil, wo Graf Hagenburg/Darmstadt bei der Langstreckenprüfung sogar Sieger der Tourenwagenklasse wurde, und an der Alpenfahrt 1929 beteiligten sich Otto Merz und Rudolf Caracciola ebenfalls mit einem Nürburg 460. Wesentlich größer waren die Erfolge des großen, repräsentativen Achtzylinders bei den vielen Schönheitswettbewerben, die vornehmlich von offenen Wagen gewonnen wur-

den, deren Cabriolet-Karosserien von Gläser oder Papler stammten. In ihrer Ausstattung ließen solche Fahrzeuge keine Wünsche offen, zumal gerade bei individuell aufgebauten Wagen der Auftraggeber – also der Käufer des betreffenden Autos – seine ganz persönlichen Vorstellungen verwirklichen lassen konnte. Verschiedene Sonderzubehöre waren natürlich ebenfalls erhältlich, zum Beispiel schwenkbare Windabweiserscheiben rechts und links der Frontscheibe. Stoßstangen, Haupt- und Positionsscheinwerfer konnte man ebenfalls von diversen Herstellern erhalten und nach Wunsch montieren lassen; letztere kamen meist von Bosch oder Zeiß. Nur Drahtspeichenräder sah man beim Nürburg recht selten. Die schweren Artilleriespeichenräder waren Standard. Und wie schon früher in den zwanziger Jahren, gab man den offenen Modellen eine in der Waagrechten geteilte Frontscheibe, deren oberer Teil ausstellbar war. Ganz selten wurde der Nürburg als Roadster karossiert – ein solcher Aufbau entsprach eigentlich nicht der ganzen Charakteristik dieses Modells. Dennoch entstand hin und wieder ein solches Fahrzeug auf Wunsch prominenter Schauspieler, und mit ihrer langen Motorhaube, Steinschlaggittern und Rudge-Whitworth-Rädern sahen solche Wagen gar nicht schlecht aus.

Links: Zwei Nürburg und ein 15/70/100 beim Baden-Badener Automobil-Schönheits-Wettbewerb 1928.

Rechts: mit diesem speziell präparierten Nürburg 460 startete E. Valentin 1930 in Riga zur Rallye Monte-Carlo. Hintere Zwillingsräder erforderten eine Kotflügelverbreiterung.

Unten: Die Schauspielerin Claire Romer und die Sängerin Gitta Alpar bevorzugten offene Nürburg-Sportwagen.

Auf der Grundlage des großen Modell K schuf Ferdinand Porsche 1927 einen noch stärkeren Wagen, der vor allem im Motorsport für ganz neue Maßstäbe sorgte:

Mercedes-Benz 680 S

Galt der 24/110/160 K 1926/27 als ein Fahrzeug, an dessen Lenkrad der sportlich Ambitionierte sich des Gefühls absoluter Überlegenheit erfreuen durfte, so reizte es doch die Ingenieure im Hause Daimler-Benz, aus diesem Fahrzeug noch mehr herauszuholen. In erster Linie fühlte sich Ferdinand Porsche verpflichtet, die Leistung des K noch aufzustocken. Schnelle, spurtstarke Wagen waren seine persönliche Leidenschaft und zugleich das Image jener Marke, für die er seit 1923 an verantwortlicher Position in Diensten stand. Aus dem mächtigen K Modell entwickelte Porsche den S, ein Automobil, das zur Legende wurde.

Im Februar 1927 fing man in Untertürkheim an, das Eisen zu schmieden. Mit dem K hatte man eine solide Basis und eine im Motorsport hinlänglich erprobte Waffe, und es war auch der K, aus dem der S unmittelbar entstand. Unter der Werks-Chiffre M 9856 – identisch also mit dem K Motor vom Typ 26/110/160 PS – entstand mit der Bohrung von 98 und einem Hub von 150 mm ein 6789-ccm-Motor, auch als 26/120/180 PS bezeichnet. Selbstverständlich war auch er ein Königswellen-ohc-Sechszylinder, war mit nassen Zylinder-Laufbüchsen versehen, und seine Leistung von 120 PS bzw. 180 bei zugeschaltetem Lader reichte aus, um einen als Sportzweisitzer karossierten Wagen auf gute 170 km/h zu beschleunigen. 20 Exemplare dieses Fahrzeugs wurden noch 1927 aufgelegt, weitere sechs baute man 1928. Mit dem kurzen Fahrgestell des K Wagens – 3400 mm – und leichtgewichtigen Karosserien konnte man hier ein Sportinstrument erwerben, das für 26 000 Mark ganz Erstaunliches bot. Beim Eröffnungsrennen auf dem Nürburgring, das am 19. Juni 1927 stattfand, fuhren Caracciola und Rosenberger solche S-Wagen – es war der erste öffentliche Auftritt des neuen Mercedes – zum Sieg in der Sportwagenklasse über 5 Liter.

Die zwölf Runden absolvierte Caracciola in der Tagesbestzeit aller Wagen von 101,1 km/h Schnitt, Rosenberger brachte es auf 93,6 km/h. Es folgte das Baden-Badener Automobil Turnier, wo »Carratsch« mit dem neuen S Wagen ebenfalls sensationelle Zeiten fuhr, dann siegte er beim Berg- und Flachrennen Ettlingen-Rastatt, gefolgt von Walb und v. Mosch.

Der Mercedes-Benz S hatte seinen Siegeszug angetreten. Die Liste seiner Sporterfolge, herausgefahren von Werks- wie Privatfahrern, wurde lang. Allein in den Jahren 1927/28 gab es fast an jedem Wochenende während der Saison einen S-Sieg. Otto Merz wurde beim Großen Preis von Deutschland, ausgeschrieben für Sportwagen, im Jahre 1927 Gesamtsieger, Christian Werner drehte die schnellste Runde mit einem Schnitt von 107 km/h. Der Nürburgring war damals noch kürzer in seiner Streckenführung, das Rennen umfaßte eine Gesamtdistanz von etwa 500 Kilometer. Georg Kimpel aus Ludwigshafen (er war Leiter der Werksfeuerwehr bei den IG Farben) fuhr einen S beim Gabelbach-Bergrennen zum Sieg und ebenso bei dem 14 Tage später stattfindenden Freiburger Rekordrennen, wo er mit eindrucksvollen 177,4 km/h neue Maßstäbe setzte. Hier war der Feuerwehrmann sogar schneller als Caracciola oder Walb. Am Berg war Carratsch wieder vorn und beeindruckte Konkurrenz und Zuschauer mit einem Schnitt von 69,3 km/h. Kimpel wurde Zweiter. Weitere S-Triumphe gab es beim Klausenpaßrennen, beim Bergpreis der Hohen Tatra, am Semmering, beim Buckower Dreiecksrennen, beim Arlbergrennen (wo Prinz zu Schaumburg-Lippe die 22 steilen Kilometer mit 83,8 km/h bewältigte) oder beim Teutoburger-Wald-Rennen. In Atlantic City (USA) machte der italo-amerikanische Rennfahrer Ralph de Palma Schlagzeilen, als er die dort im Frühjahr ausgetragenen 15- und 30-Meilen-Rennen auf einem S Roadster gewann. Sein Schnitt: 128,5 km/h.

»Der Mercedes-Benz S ist kein Rennwagen, der normalerweise nur eine kurze Lebensdauer hat, für eine bestimmte Betriebsstundendauer gebaut ist. Der Mercedes-Benz-Sportwagen ist als Fahrzeug langer Lebensdauer durchgebildet, hier wird eine Überanspruchung aller Teile weitestgehend vermieden«, schrieb der Motorjournalist Ernst Friedlaender 1927. Das entsprach den Tatsachen: Der S war kein filigranes Instrument für kurzfristige Höchstleistungen, sondern ein kräftiges Dauerwerkzeug von erstaunlicher Robustheit und Langlebigkeit.

Gegenüberliegende Seite: 1927er S Tourenwagen mit halb heruntergeklappter Frontscheibe.

Rechts von oben nach unten: 26/120/180 Tourer 1927, der Sechszylinder-Kompressor-Motor des S Wagens, Drahtspeichenrad mit Kapseln zur Aufnahme kleiner Gewichte zum Auswuchten.

Die vierfach gelagerte Kurbelwelle des Sechszylindermotors drehte im M 9856 im Höchstfalle mit 3200 Touren. Die Verdichtung betrug 4,7:1, die Zylinderfüllung besorgte ein einziger Flachstrom-Vergaser. Für rund 30 Liter Sprit auf 100 Kilometer gehörte einem die Welt – bis zur nächsten Tankstelle zumindest. Dafür nahm der Tank im Heck aber auch 120 Liter Benzin auf. 24 Liter Wasser zirkulierten im Kühlsystem, um dem Wärmehaushalt gerecht zu werden. Dennoch wurde die große Maschine enorm heiß, wenn man den S hart hernahm, so daß man auch im Cockpit mehr als nur warme Füße bekam. Und hart hernehmen – das war die Umgangsart, die einen als Pilot dieses Automobils wohl stets reizte. »Jeder Wagen, dem man Charakter zusprechen kann, hat seine eigene Art, sich zu verhalten, eine bestimmte Persönlichkeit, die man ergründen muß. Die wirklich haarsträubende Stoßkraft, das enorme Standvermögen und die fast erschreckende Beherrschung der Straße in einem dieser großen Sechszylinder muß man kennengelernt haben, um sie begreifen zu können«, schrieb Griffith Borgeson nach einer Probefahrt im Jahre 1951. »Das Anzugsvermögen des S ist phänomenal. Bei geringem Tempo vermeint man jeden Stoß der sechs Kolben zu spüren, der sich über Kurbel- und Kardanwelle zur Hinterachse überträgt. Und bei Höchstgeschwindigkeit ist die Maschine ebenso gut zu beherrschen wie bei niedriger Gangart . . . man drückt das Gaspedal immer weiter herunter, bis der Kompressor mit lautem, schrecklichem Bellen seine Arbeit aufnimmt. Es reißt einen den Kopf nach hinten – der Wagen schießt davon, als würden ihn Raketen antreiben.«

Die mechanischen Bremsen waren dem schnellen Motor in jeder Hinsicht gewachsen. Die verrippten Trommeln waren sehr groß dimensioniert, so groß es der Felgendurchmesser gestattete, und wer wie ein Caracciola, Walb oder Kimpel verstand, mit dem S umzugehen, hatte keine Probleme beim Verzögern aus höheren Tempi.

Der niedriger als beim K Wagen gehaltene Rahmen des S (der Buchstabe stand naheliegenderweise für »Sport«) war in seinen Kröpfun-

Links: Zweitüriger, viersitziger S Tourensportwagen, 1927.

Rechts: Chassis-Aufsicht des Mercedes-Benz S.

Rechts: Chassis des Mercedes-Benz S 26/120/180 PS von der Seite.

Unten: Von der Londoner Firma Freestone & Webb karossierter S Tourer, im Januar 1928 an einen Captain Morton geliefert. Der Karosseriekörper ist mit Kunstleder bespannt; im Fond befindet sich ein dritter Sitzplatz. Rechts daneben ein in Sindelfingen gebauter S-Sportzweisitzer Baujahr 1927.

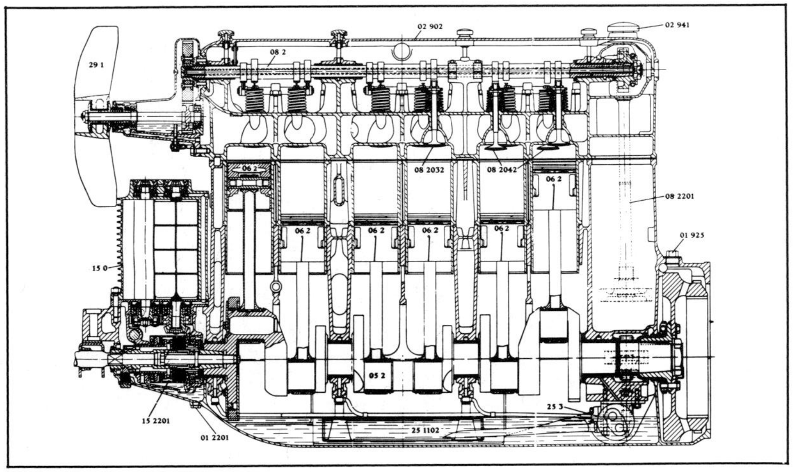

gen stärker ausgeprägt, die Querholme zur Verminderung des Gewichts mit Löchern versehen. Um 30 Zentimeter weiter als beim K saß der Motor in der Fahrgestellmitte, und er war so tief ins Chassis gehängt worden, wie es nur ging. Dadurch erhielt das Fahrzeug insgesamt eine außerordentlich niedrige Bauhöhe, was zu seiner exzellenten Straßenlage beitrug. Dem Motor entsprechend saß auch der massige Spitzkühler weiter eingerückt im Chassis. Als Stoßdämpfer gab es bei einigen Exemplaren Reibungs-(Scheren-)Stoßdämpfer, bei anderen – zumindest hinten – hydraulische Dämpfer von Houdaille. Zentralschmierung gab es beim S nicht.
Keineswegs gab es den Mercedes-Benz S ausschließlich als Rennsport-Zweisitzer. Man konnte ihn als Tourenwagen mit vier Plätzen haben oder auch als Cabriolet mit Kurbelfenstern, mit seitlich montierten Ersatzrädern oder diesen am Rahmenheck.
Ebenfalls als Modell 680 S figurierten einige Kompressorwagen, die im

Frontansicht eines Mercedes-Benz S Cabriolets von 1927 mit einer in Frankreich angefertigten Karosserie. Oben links Schnitt durch den S-Motor.

Frühjahr 1928 zu ausgedehnten Erprobungen herangezogen wurden. In ihren Motorspezifikationen unterschieden sie sich indessen von den bisherigen Fahrzeugen; sie liefen unter der Bezeichnung 26/140/180 (W 9856 S) und stellten eine Art Übergangstyp zum W 06 dar. Dies war 1928 bis 1930 der S in seiner Hochphase, er rangierte als 26/170/225 PS und war die Ausgangsbasis für den späteren SS (Super-Sport). Hatte der M 9856 noch ausschließlich Magnetzündung aufgewiesen, so lief der neue M 06 mit Doppelzündung: Magnet plus Batterie! Pro Zylinder gab es zwei Kerzen. Den Flachstrom-Vergaser hatte man beibehalten. Wie sein Vorgänger, hatte der M 06 einen Blick aus Silumin und einen Zylinderkopf aus Grauguß. Die Dimensionen hatte man insgesamt vom Vorgänger übernommen, die Verdichtung aber auf 6,2:1 angehoben, was sich in satten 50 Mehr-PS auswirkte. Mit dem M 06 unter der Haube und einem nur 2,4:1 übersetzten ersten Gang, den man bis zu 78 km/h ausfahren konnte (wenn man die 2,5:1 übersetzte Renn-Hinterachse spazierenfuhr), gab es auf Europas Straßen nichts Vergleichbares dieser Kategorie. Bis 3300 Touren durfte man den Sechszylinder drehen lassen, ohne Gefahr zu laufen. Diese drohte eher bei untertouriger Fahrweise – in Form zu reichlicher Schmierung. Wer den S öfter langsam zu fahren gezwungen war, mußte hin und wieder die zwölf Kerzen seines Kraftwerks reinigen.

Auch wenn man einen Mercedes-Benz S als Tourenwagen oder Luxus-Cabriolet bekommen konnte, für den renommierte Karossiers im In- und Ausland klassisch-schöne Aufbauten herstellten, so verstand ihn das Herstellerwerk doch als reines Wettbewerbsinstrument, für die Fahrer des eigenen Hauses oder für Privatfahrer – und Fahrerinnen, wie Ernes Merck, die Gattin des Industriellen und engagierten Sportfahrers Wilhelm Merck. Ihre Begeisterung für den S drückte sie in einem Rückblick auf die Saison 1927 aus, der im *Motor* veröffentlicht wurde: »Am Tage vor dem Klausenpaßrennen fuhr ich zum ersten

Modell	26/120/180 PS 680 S (W 9856)	26/140/180 PS 680 S (W 9856 S)	26/170/225 PS 680 S (W 06)	26/190/250 PS 680 S (W 06 II)
Produktionszeit	1927–1928	1928	1928–1930	1929
Motor	Reihen-Sechszylinder M 9856)	Reihen-Sechszylinder (M 9856 S)	Reihen-Sechszylinder (M 06)	Reihen-Sechszylinder (M 06 S)
Bohrung, Hub, ccm	98 × 150 mm, 6789 ccm	98 × 150 mm, 6789 ccm	98 × 150 mm, 6799 ccm	98 × 150 mm, 6789 ccm
Verdichtung	4,7:1	5,00:1	6,2:1	6,8:1
Leistung	120 PS bei 3000 U/min 180 PS bei 3200 U/min m. Kompr.	140 PS bei 3200 U/min 180 PS bei 3200 U/min m. Kompr.	170 PS bei 3150 U/min 225 PS bei 3200 U/min m. Kompr.	190 PS bei 3200 U/min 250 PS bei 330 U/min m. Kompr.
Ventile, Steuerung	hängend, ohc, Königswelle	hängend, ohc, Königswelle	hängend, ohc, Königswelle	hängend, ohc, Königswelle
Schmierung	Druckumlauf	Druckumlauf	Druckumlauf	Druckumlauf
Kühlung	Wasser, Pumpe	Wasser, Pumpe	Wasser, Pumpe	Wasser, Pumpe
Vergaser	1 Mercedes Flachstrom	1 Mercedes Flachstrom	1 Mercedes Flachstrom	1 Mercedes Flachstrom
Elektrik, Zündung	12 V 60 Ah, Magnet	12 V 50 Ah, Magnet	12 V 60 Ah, Magnet + Batterie	12 V 60 Ah, Magnet + Batterie
Kupplung	Mehrscheiben-Trockenkupplung	Mehrscheiben-Trockenkupplung	Mehrscheiben-Trockenkupplung	Mehrscheiben-Trockenkupplung
Getriebe	4-Gang	4-Gang	4-Gang	4-Gang
Lenkung	Schraubenspindel	Schraubenspindel	Schraubenspindel	Schraubenspindel
Fußbremse	mech. Saugluft-Vierrad	mech. Vierrad	mech. Vierrad	mech. Vierrad
Handbremse	mech. Hinterräder	mech. Hinterräder	mech. Hinterräder	mech. Hinterräder
Chassis	Preßstahl-Niederrahmen	Preßstahl-Niederrahmen	Preßstahl-Niederrahmen	Preßstahl-Niederrahmen
Radstand, Spur v/h.	3400, 1420 mm	3400, 1420 mm	3400, 1420 mm	3400, 1420 mm
Gesamtabmessungen	4700 × 1700 × 1780 mm (Roadster)	4700 × 1700 × 1780 mm (Roadster)	4700 × 1700 × 1750 mm	4700 × 1700 × 1750 mm
Bereifung	30 × 5.00	6.50–20	6.50–20	6.50–20
Tankinhalt	120 Liter	120 Liter	130 Liter	130 Liter
Leergewicht	1900 kg (Tourer)	1890 kg (Tourer)	1900 kg (Tourer)	1650 kg (Roadster)
Höchstgeschwindigkeit	178 km/h	182 km/h	197 km/h	200 km/h
Stückzahlen	26	ca. 4	138	2
Preis	RM 26 000 (Roadster)		RM 30 000 (Tourer)	

Ganz oben ein bei Vanden Plas, Brüssel, gebautes Cabriolet auf Basis eines Mercedes-Benz S von 1929, darunter ein viertüriges Weymann-Cabriolet für einen adligen englischen Auftraggeber. Der Wagen rechts daneben ist ein S Tourer in der Stuttgarter Standardausführung von 1928.

Male einen S Wagen, und ich muß zugeben, daß ich mit etwas Zweifeln ob des doch eigentlich Männerkräfte beanspruchenden Wagens zum Rennen fuhr. Darum hat es mich doppelt gefreut, an beiden Tagen so anständig abgeschnitten zu haben, besonders, weil ich zum ersten Male auf dieser schweren Bergstrecke fuhr und es mir an einem Tage sogar gelang, einen der dortigen Schweizer Fahrer auf einem gleichen Wagen zu schlagen . . .«

Eine noch etwas »heißere« Version des 680 S war die 190-PS-Ausführung (26/190/250 PS), ein Wagen, der als W 06 II (Motor M 06 S) Caracciola ein paarmal anvertraut wurde und für den Privatkunden nicht

käuflich war. Solche Fahrzeuge gingen auf das Konto der Prestige-Aufwendungen,die eine Automobilfabrik wie Daimler-Benz mit ihrem Image als Hersteller siegesgewohnter Fahrzeuge sich und ihrer Klientel nun einmal schuldig waren. Andere große Hersteller verfuhren damals ebenso, zum Beispiel Bugatti, Delahaye, Alfa Romeo. Nur die Wirtschaftskrise unterbrach derlei Aufwendungen nachher abrupt – man überließ es Privatfahrern, in den großen Wettbewerben zu starten.

Die Sporterfolge des S allein im Jahre 1928 beliefen sich auf 53 Erste Plätze und 17 Rekorde unter dem Zeichen des Mercedessterns, darunter der deutsche Sportwagenrekord mit 177,6 km/h. Längst hatten Amerikaner, Italiener, Engländer und Schweizer sich für den Mercedes-Benz S entschieden und sich ihre Roadster in Untertürkheim bestellt – oder das nackte Chassis, um bei ihren favorisierten Karosserielieferanten Spezialaufbauten herstellen zu lassen. Bei der wenig bekannten Firma Zietz in Genf entstand beispielsweise ein Tourer mit zwei getrennten Cockpits, der an Rasse und Eleganz als unübertroffen gelten durfte (aber nur in einem einzigen Exemplar gebaut wurde), während in England gefertigte Cabriolets immer ein wenig hölzern wirkten. Einen rasanten Zweisitzer besaß der in Neapel ansässige Kaufmann Frederico Caflisch, seit vielen Jahren ebenso begeisterter wie erfolgreicher Mercedes-Privatfahrer, der schon zahlreiche schnelle Autos aus Untertürkheim geordert und gefahren hatte. Zu seinen Bestleistungen auf einem 680 S zählten die 191,5 km/h über einen Kilometer mit fliegendem Start, die er im Herbst 1930 absolvierte – zu einem Zeitpunkt, als es längst den SSK und den SSKL gab, jene Supergeschosse aus dem Mercedes-Benz-Lager, die den Höhepunkt der Kompressor-Sportwagen-Ära der späten zwanziger Jahre darstellten.

Recht ungewöhnlich ist diese zweisitzige Spitzheck-Karosserie. Der Heckdeckel war aufzuklappen, darunter befanden sich zwei Reserveräder. Der Maharadscha von Bhopal ließ sich dieses S für die Tigerjagd anfertigen.

Zweitüriger Mercedes-Benz S Tourenwagen mit Gepäckbrücke, Baujahr 1928.

Mercedes-Benz S, Modell 27/170/225 PS (W 06) mit einer ungewöhnlich schönen Tourenwagen-Karosserie von der Firma Zietz, Genf. Der Wagen ist ein Rechtslenker.

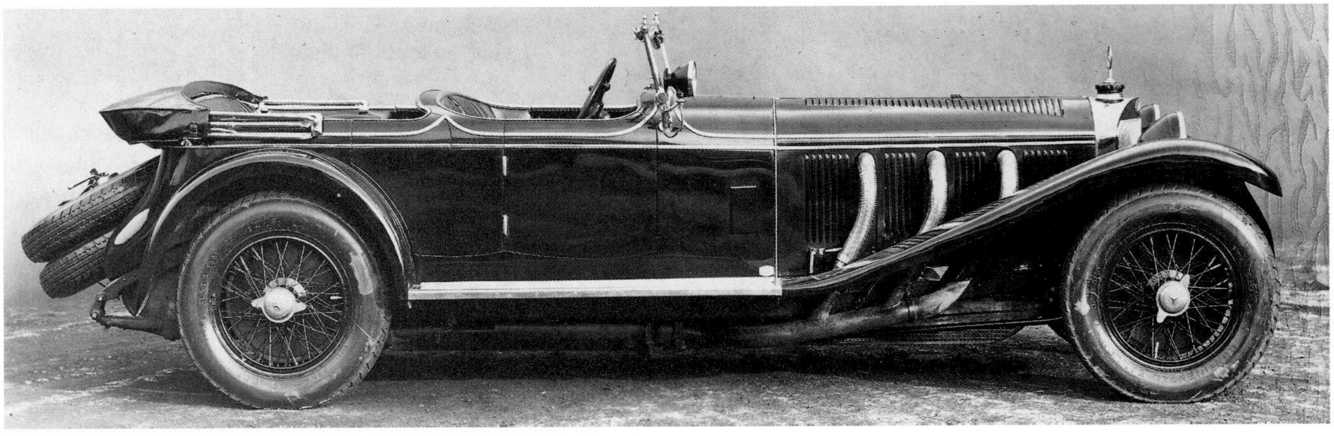

Der Zietz-Tourer trug am Heck zwei Reserveräder; ein Kofferraum war nicht vorgesehen.

Nur in Details unterschieden sich die verschiedenen Tourenwagen-Karosserien beim Mercedes-Benz S. Dieser Zweitürer mit seiner abgerundeten Heckpartie ohne Koffer hat im Unterschied vom Zietz-Tourer ein durchgehendes Cockpit und die Reserveräder auf den Trittbrettern.

Armaturenbrett-Version des Mercedes-Benz S. Unten: 1928 mit einem 27/170/225 PS (SS/W 06) ermittelte Testergebnisse. Rechts daneben Musterzeichnung für den Mercedesstern.

DB — **Geschwindigkeits-Tabelle 7 L Sportwagen W 06** — DB-NORM G 27

mit Reifen 30 × 5,00 = 2,45 / 32 × 6,75 = 2,60 / 33 × 5,00 = 2,70 m Umfang eingedr.

Tacho-Umdrehg. auf 1 m Fahrweg = 0,635 Umdrehg.	0,73 Umdrehg.	0,82 Umdrehg.	bei 2,45 m Umfang
= 0,62 "	0,68 "	0,76 "	" 2,60 " "
= 0,60 "	0,66 "	0,74 "	" 2,70 " "

Kilometer/Stunde bei Hinterrad-Übersetzung:

Motor-Umdrehg. /min	1:2,5 14:35 Z.				1:2,76 13:36 Z.				1:3,08 12:37 Z.				
	I	II	III	IV	I	II	III	IV	I	II	III	IV	
2400	51	95	117	141	46	86	106	128	41	77	94	114	bei 2,45 m Umfang
	54	100	124	150	49	91	112	136	44	82	100	120	" 2,60 " "
	56	104	129	155	51	95	117	141	46	85	104	126	" 2,70 " "
2500	53	98	122	147	48	90	110	134	43	80	98	119	" 2,45 " "
	57	104	130	156	51	95	116	142	46	85	104	126	" 2,60 " "
	59	108	134	162	53	99	121	148	47	88	108	131	" 2,70 " "
2600	55	102	127	152	50	94	115	139	44	83	102	124	" 2,45 " "
	59	108	135	160	53	100	122	147	47	88	108	132	" 2,60 " "
	61	112	140	168	55	104	127	153	49	91	112	137	" 2,70 " "
2700	57	106	131	158	52	97	119	144	46	87	106	129	" 2,45 " "
	61	112	139	167	55	102	126	152	49	92	112	137	" 2,60 " "
	63	116	144	174	57	107	130	158	51	95	116	142	" 2,70 " "
2800	59	110	136	164	54	101	123	150	48	90	110	134	" 2,45 " "
	63	116	144	174	57	107	130	159	51	95	116	142	" 2,60 " "
	65	120	148	180	59	111	136	165	53	99	121	148	" 2,70 " "
2900	61	114	141	170	56	104	128	155	50	93	114	138	" 2,45 " "
	65	120	150	180	59	110	135	164	53	99	121	146	" 2,60 " "
	68	125	155	187	61	114	142	170	55	102	125	152	" 2,70 " "
3000	64	118	146	176	57	108	132	160	52	96	118	143	" 2,45 " "
	68	125	155	186	61	114	139	170	55	102	125	151	" 2,60 " "
	70	130	160	194	63	119	146	176	57	106	130	157	" 2,70 " "
3100	66	122	151	182	59	111	137	165	54	99	122	148	" 2,45 " "
	70	129	160	192	63	117	146	175	57	105	129	157	" 260 " "
	73	134	165	200	65	122	150	182	59	109	134	162	" 2,70 " "
3200	68	126	156	188	61	114	141	171	56	102	126	153	" 2,45 " "
	72	134	165	199	65	120	149	181	59	108	134	162	" 2,60 " "
	75	138	171	206	68	125	155	188	61	112	139	168	" 2,70 " "
3300	70	130	160	194	64	118	146	176	58	105	130	157	" 2,45 " "
	75	138	170	205	68	125	155	186	61	111	138	167	" 2,60 " "
	78	143	176	213	70	130	160	194	63	116	143	173	" 2,70 " "

mit erhöhten II. Gang

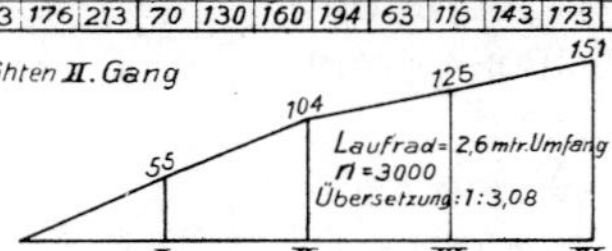

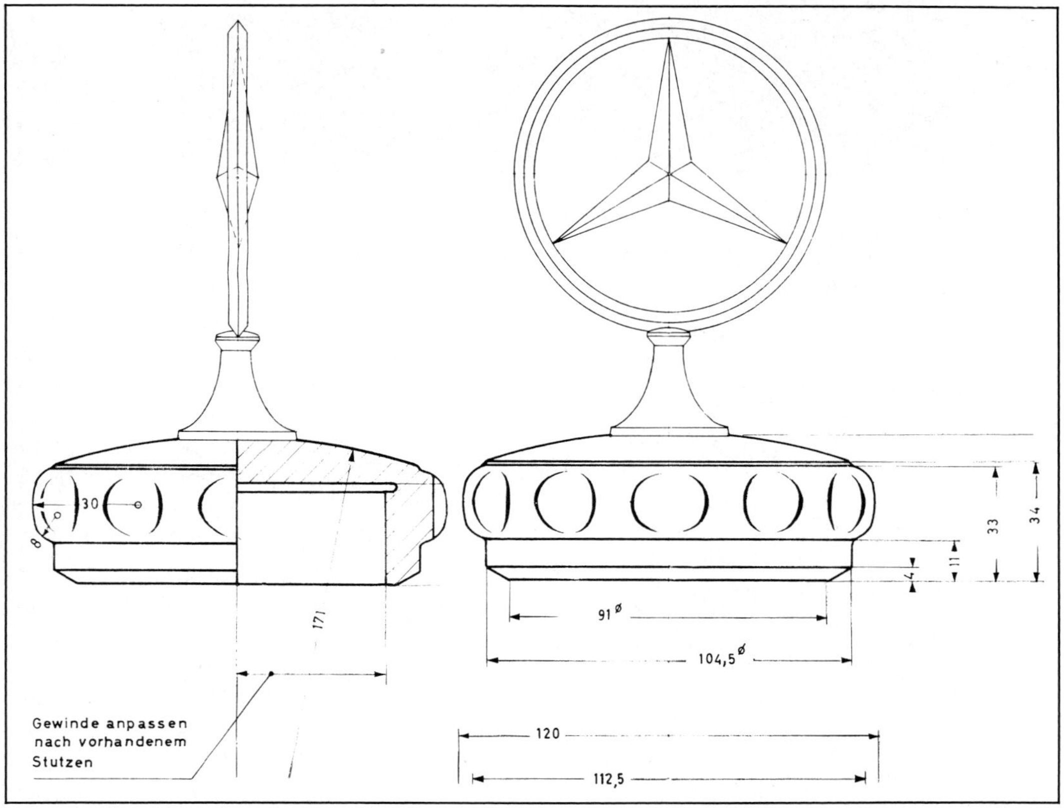

Links: Interieur des von Zietz karossierten S Tourers.

Unten: Blick ins Cockpit eines linksgelenkten S Tourers von 1928. Interessant die Rückenlehnenverstellung beim Fahrersitz.

Rechts: Der Zietz-Tourer in vorderer Dreiviertelansicht. Darunter derselbe Wagen aus der Vogelperspektive, die einen guten Blick auf die feine Polsterarbeit vermittelt. Diese Karosserieart nennen die Amerikaner »Dual-Cowl Phaeton«.

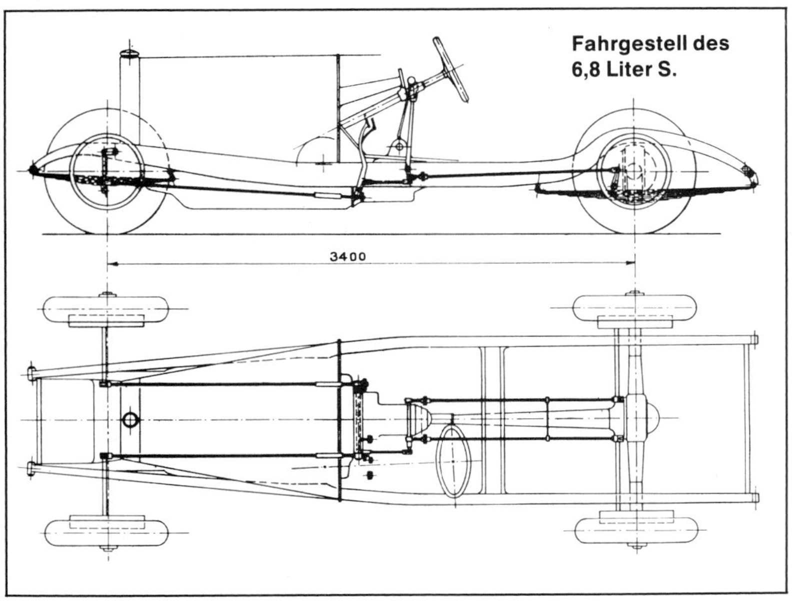

Fahrgestell des 6,8 Liter S.

Sogar Gedichte wurden dem Mercedes-Benz S gewidmet. Unter dem Titel »Danke S!« veröffentlichte die Zeitschrift *Das Leben* 1929 Verse ihres Lesers Kurt Juhn:

S-s-s-sausendes, surrendes Jagen!
Bergauf und bergab fliegt stürmend der Wagen.
Jetzt wird die Straße zum Lineal –
der S flammt wie ein flackernder Blitz durchs Tal.
Zeiger zeigt, bebender Freude Verräter:
Einhundertfünfzig Kilometer!
Schadé – die Gerade
ist schon vorbei! Einerlei –
Hinauf den Hügel!
Du Roß ohne Zügel!
Haben wir Flügel?
Du Zauberkarren – machst Weise zum Narren!
Zeigst, wie man blitzschnell das Glück gewinnt,
eh es entrinnt.
Ich lieb' Dich, mein himmlischer Wunderexpreß,
Du mein sausender, summender, surrender S!

8838D

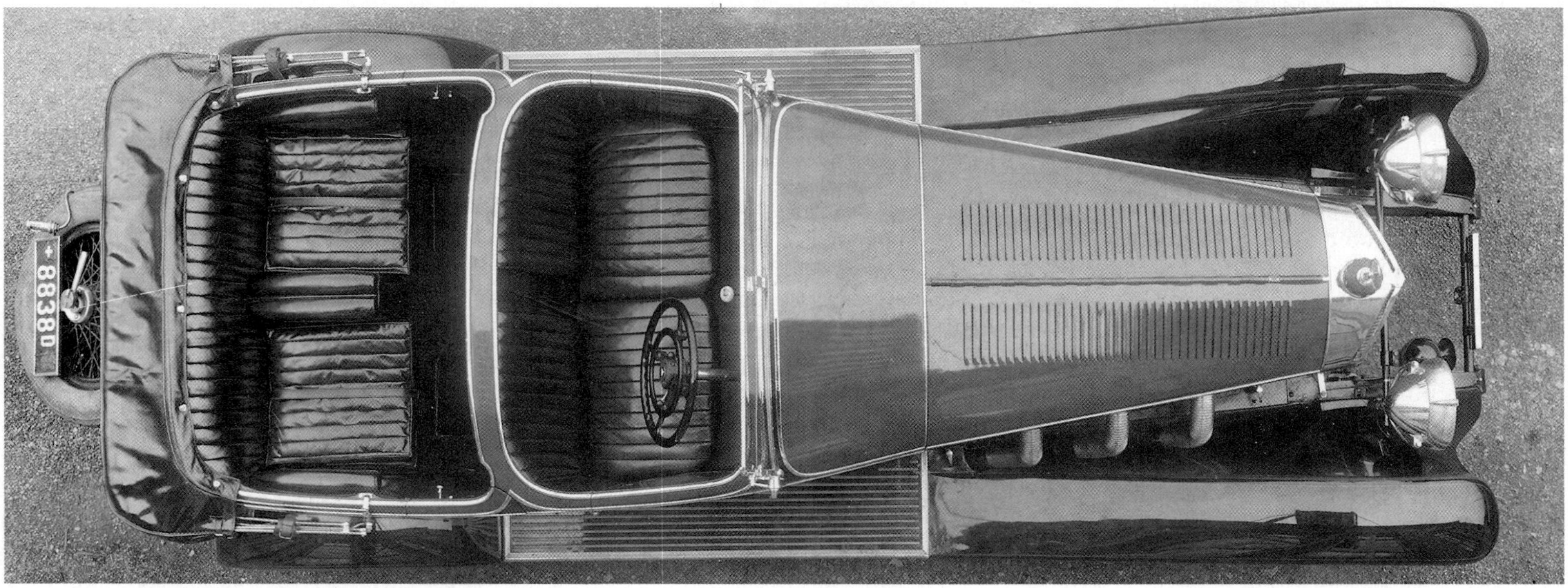
8838D

Ein Grand-Prix-Wagen, der sich in der Oxford-Street oder auf den Champs Elysées gleichermaßen zu Hause fühlte – ein Vollblut für Könner wie Rudolf Caracciola und Earl Howe:

Mercedes-Benz 710 SS

»Fünf Stunden jagten sie hintereinander her, bei sengender Sonnenglut, über 18 Nürburg-Runden. Voran die weißen Mercedes-Benz SS, ständig verfolgt von den blauen Bugattis, an jedem Lenkrad ein Meister ... fünf Stunden erbitterter Kampf um den Großen Preis von Deutschland. Bis zur fünften Runde lagen die vier SS unangefochten in Front: Nr. 6, Caracciola, mit wachsendem Vorsprung weit voraus, der fünfte SS, gefahren von Walb, war im Eifer des Gefechts bereits in der zweiten Runde über eine Böschung gerannt. Dann holte Bugatti-Fahrer Brilli-Peri zuerst Werner, darauf Kimpel, da beide Reifen wechseln mußten. Nach der neunten Runde lag der Bugatti zeitlich sogar an zweiter Stelle hinter Caracciola. Die Situation konnte gefährlich werden – doch Brilli-Peri kämpfte bereits allein. Chiron hielt das Tempo schon seit der fünften Runde nicht mehr mit ... nach der zehnten Runde lag auch Brilli-Peri wieder hinter den Mercedes – auch er mußte, wie Chiron, nach fast jeder Runde anhalten. Die weißen SS machten das Rennen unter sich aus. Merz und Werner – als Ersatzfahrer für Caracciola in den letzten Runden – lieferten sich noch einen spannenden Kampf um die Spitze. Zum Schluß brauste Werner auf Caracciolas Wagen als Sieger über das Band. Merz, in letzter Minute durch eine Reifenpanne um den sicheren Sieg gebracht, folgte fast zwei Minuten später – als einziger Mercedes-Benz-Fahrer war er ohne Ablösung gefahren. Als Dritter kam Walb auf Werners Wagen und schließlich Rosenberger auf Kimpels SS. Der Sieg der drei SS gegen

Oben: Zweitüriges 2 + 2 Cabriolet SS mit integriertem Heckkoffer und attraktiver Vorderkotflügelform, die sowohl in Sindelfingen als auch bei Gläser in Dresden, Armbruster in Wien und Erdmann & Rossi in Berlin üblich war.

Rechts: Von Castagna, Mailand, karossiertes SS Cabriolet 1932 mit Grebel-Scheinwerfern und großem Stern-Ornament auf dem Steinschlaggitter.

Oben: Frontansicht eines SS Tourenwagens von 1930 – mit sehr unterschiedlich abgefahrenen Vorderreifen . . .

Rechts: Ein anderes zweisitziges SS Cabriolet mit Castagna-Karosserie, Baujahr 1931. Ein rassiger Wagen mit dem 7,1-Liter-Motor der M 06-Reihe.

die besten Bugatti-Fahrer der Welt war eindrucksvoll und überzeugend . . .«
So beschrieb der Sportberichterstatter des *Motor* das Rennen um den Großen Preis von Deutschland des Jahres 1928. Er fügte an, daß in jener Saison Mercedes noch nicht einen einzigen Ausfall durch Defekte zu verzeichnen gehabt hatte: »Der SS kann durch keine Zerreißprobe mehr zur Strecke gebracht werden! Auf diesen Erfolg können die Untertürkheimer, vor allem Dr. Porsche als Chefkonstrukteur, stolz sein!« Die Regie der Rennaktivitäten oblag damals schon Alfred Neubauer, ohne den auch später keine motorsportliche Operation seitens Daimler-Benz mehr denkbar war. Der SS Wagen – die Buchstaben standen für »Super-Sport« – war eine geradlinige Weiterentwicklung des S Modells. Den Sechszylindermotor vom Typ M 06 hatte man unter Beibehaltung der nassen Zylinderlaufbuchsen auf 100 mm Bohrung gebracht, was einen Gesamthubraum von 7068,5 ccm ergab. Bei einer Kompression von 6,2:1 gab das wuchtige Aggregat 170 PS ohne und

Rechts: Heckpartie mit den beiden Reserverädern eines SS von 1929.

Links: Cockpit eines rechtsgelenkten 27/170/225 PS mit viel Chrom und einer Lalique-Kühlerfigur, Baujahr 1931.

Modell	27/140/200 PS 700 SS (W 1156 S)	27/160/200 PS 710 SS (w 1156 S/II)	27/170/225 PS 710 SS (W 06)	27/180/250 710 SS (W 06 S)
Produktionszeit	1927–1928	1928–1930	1928–1934	1929–1930
Motor	Reihen-Sechszylinder M 1156 S	Reihen-Sechszylinder M 1156 S/II	Reihen-Sechszylinder M 06	Reihen-Sechszylinder M 06 S
Bohrung, Hub, ccm	100 × 150 mm, 7068, 5 ccm	100 × 150 mm, 7068,5 ccm	100 × 150 mm, 7068,5 ccm	100 × 150 mm, 7068,5 ccm
Verdichtung	5,00:1	5,2:1	6,2:1	6,00:1
Leistung	140 PS bei 3000 U/min 200 PS bei 3300 U/min m.Kompr.	160 PS bei 3200 U/min 200 PS bei 3300 U/min m.Kompr.	170 PS bei 3100 U/min 225 PS bei 3300 U/min m.Kompr.	180 PS bei 3100 U/min 250 PS bei 3300 U/min m.Kompr.
Ventile, Steuerung	hängend, ohc, Königswelle	hängend, ohc, Königswelle	hängend, ohc, Königswelle	hängend, ohc, Königswelle
Schmierung	Druckumlauf	Druckumlauf	Druckumlauf	Druckumlauf
Kühlung	Wasser, Pumpe	Wasser, Pumpe	Wasser, Pumpe	Wasser, Pumpe
Vergaser	1 Mercedes Flachstrom	1 Mercedes-Flachstrom	1 Mercedes-Flachstrom	1 Mercedes Flachstrom
Elektrik, Zündung	12 V 60 Ah, Magnet + Batterie	12 V 60 Ah, Magnet + Batterie	12 V 60 Ah, Magnet + Batterie	12 V 60 Ah, Magnet + Batterie
Kupplung	Mehrscheiben-Trockenkupplung	Mehrscheiben-Trockenkupplung	Mehrscheiben-Trockenkupplung	Mehrscheiben-Trockenkupplung
Getriebe	4-Gang	4-Gang	4-Gang	4-Gang
Lenkung	Schraubenspindel	Schraubenspindel	Schraubenspindel	Schraubenspindel
Fußbremse	mech. Vierrad	mech. Vierrad	mech. Vierrad	mech. Vierrad
Handbremse	mech. Hinterräder	mech. Hinterräder	mech. Hinterräder	mech. Hinterräder
Chassis	Preßstahl-Niederrahmen	Preßstahl-Niederrahmen	Preßstahl-Niederrahmen	Preßstahl-Niederrahmen
Radstand, Spur v/h	3400, 1420 mm	3400, 1420 mm	3400, 1420 mm	3400, 1420 mm
Gesamtabmessungen	5000 × 1700 × 1750 mm (Tourer)	5000 × 1700 × 1750 mm (Tourer)	4700 × 1700 × 1750 mm (Roadster)	4700 × 1700 × 1750 mm (Roadster)
Bereifung	6.50–20	6.50–20	6.50–20	6.50–20
Tankinhalt	120 Liter	130 Liter	130 Liter	130 Liter
Leergewicht	1950 kg (Tourer)	1950 (Tourer)	1850 kg (Roadster)	1850 kg (Roadster)
Höchstgeschwindigkeit	18 km/h	195 km/h	190 km/h	198 km/h
Stückzahlen	4	50	115	4
Preise		RM 35 000 (Tourer)	RM 31 000 (Chassis) RM 35 000 (Tourer)	

gut 225 mit zugeschaltetem Roots-Gebläse ab. Der intern W06 genannte Wagen hieß draußen deshalb auch 27/170/225 PS mit der Zusatzbezeichnung 710 SS. Meist sprach man nur vom SS, und so wurde er auch in der Werbung und in der Presseberichterstattung genannt.

Vieles war am Motor – abgesehen von seiner Hubraumvergrößerung – außerdem verändert worden. Er hatte Kolben durchgehend aus Leichtmetall bekommen, die Kurbelwelle war noch besser ausgewuchtet. Ein zusätzliches Frischöl-Reservoir stockte den Schmierhaushalt von 8 auf 15 Liter auf (zumindest bei jenen Motoren, die für Langstreckenrennen hergenommen wurden), den Durchmesser der Ventile hatte man vergrößert. Es gab auch geringer verdichtete Ausführungen mit etwas niedrigeren Leistungswerten, einen 27/140/200 PS und einen 27/160/200 PS, wobei das letztgenannte Modell bis Ende 1930 zu haben war.

Der leistungsstarke Kompressor-Sechszylinder saß im Fahrgestell des S Wagens, das sich ja bereits außerordentlich gut bewährt hatte. Auch der Wagen, mit dem Caracciola und Werner beim 1928er Großen Preis von Deutschland gesiegt hatten, wies ein S Chassis auf. Man muß nun unterscheiden zwischen S Wagen, die zu Wettbewerbszwecken den 7,1-Liter-Motor erhielten und jenen Fahrzeugen, die mit der gleichen Maschine als Typ SS dem privaten Sportwagenkäufer angeboten wurden. Rein äußerlich war dies leicht auseinanderzuhalten, denn dieser 710 SS hatte fast durchweg einen höheren Kühler (acht statt der sieben Würfel wie beim S), den auch der K gehabt hatte. Der höhere Spitzkühler war weniger aus Gründen, die im Wärmehaushalt zu suchen waren, für den SS gewählt worden, sondern vor allem, um die niedrige Gürtellinie des S Modells ein wenig anheben zu können. Das gab komfortablere Karosserien für jene Kunden, die den SS als schnellen Gebrauchs- und Reisewagen zu benutzen gedachten. Immerhin wurden vom SS insgesamt 155 Exemplare gebaut.

Etliche Besitzer eines S Wagens ließen sich nachträglich den 7,1-Liter installieren wie etwa der Stuttgarter Brauereibesitzer Alfred Dinkelakker. Woll-König Bleyle benutzte einen serienmäßigen 710 SS, ebenso der bekannte Londoner Autokaufmann Ronald Barker oder der Sultan von Jahore. Der ruhmreiche Sportfahrer Earl Howe war einer der ersten, die einen SS (als Chassis) orderten.

Der ausländische Markt war für Daimler-Benz, gerade bei den teuren Kompressor-Modellen, stets von besonderer Bedeutung. An englische

Ganz oben: Ein in England (vermutlich von James Young) karossiertes SS Cabriolet 1930, darunter ein Cabriolet 1929 mit Aufbau von der Firma Keibl, Wien. Der Aufbau des dritten Wagens wurde 1930 von d'Ieteren Frères, Brüssel, angefertigt. Ganz unten: Ein SS Cabriolet, das im März 1929 auf dem Genfer Automobilsalon ausgestellt war.

Links oben: Mercedes-Benz SS 27/170/225 PS mit einer in Sindelfingen gebauten Cabriolet-Karosserie. Bemerkenswert das extrem kleine Heckfenster.

Links: Fahrgestell des SS (W 06) von 1928. Hauptinstrument: der 4000 U/min anzeigende Drehzahlmesser.

Vorderachse mit Blattfeder und Stoßdämpfer beim Typ SS.

Kunden wurden beispielsweise mehr als fünfzig Fahrzeuge aller S Versionen (S, SS, SSK) ausgeliefert. So war auch der im Oktober 1927 in Paris anläßlich des Automobil-Salons ausgestellte SS – als hellblau lackiertes Chassis mit viel Chrom – eines der meistumlagerten Exponate und verhalf Daimler-Benz zu einer ansehnlichen Zahl von Aufträgen. Für den Sportzweisitzer hatte man immerhin 42 000 Mark hinzublättern, das viersitzige Cabriolet kostete 44 000 Mark. Der viersitzige, zweitürige Tourer stand mit 35 000 Mark im Katalog, das Fahrgestell allein mit 31 000 Mark. Diese Preise kamen einer unverbindlichen Empfehlung gleich, denn der Kunde hatte die Möglichkeit, eine Anzahl von Extras zu bekommen, die nicht gesondert in Rechnung gestellt wurden. Hierauf verwies man sogar ausdrücklich in der offiziellen Preisliste, in der es hieß: »Wünsche betreffend Sonderausstattung und überplanmäßige Ausrüstungsgegenstände finden weitgehendst Berücksichtigung ohne Mehrpreis.« Und der Verhandlungsspielraum war – zumindest bei guten Mercedes-Benz-Kunden – groß. Zwei Reserveräder gehörten ohnehin zum serienmäßigen Lieferumfang, ebenso ein Steinschlaggitter vor dem Kühler, Suchscheinwerfer und eine Diebstahlsicherung an der Getriebeschaltung, wie sie schon der 15/70/100 PS aufgewiesen hatte. Lederausstattung verstand sich von selbst, ein umfangreiches Werkzeugsortiment ebenfalls. So gesehen, war der Preis in Höhe von 35 000 Mark für den Tourenwagen durchaus angemessen. Kompletter konnte man kein Auto liefern.

In der Werbung für den SS wies Daimler-Benz darauf hin, daß der

Links: Hinterachs-Konstruktion des Mercedes-Benz SS.

Unten: Frontansicht eines SS Tourenwagens von 1930.

Ganz oben: Ein SS Cabriolet, versehen mit Standardaufbau, das 1929 auf der Automobilausstellung in Barcelona gezeigt wurde. Darunter ein SS Tourer Baujahr 1930, der 1962 in Australien restauriert wurde. Nicht original sind die Lucas-Scheinwerfer und die Nebellampen.

werksseitig als Tourer karossierte Wagen »nach den internationalen Bestimmungen in der Sportwagenklasse zugelassen ist«. SS Wagen – also keine S Modelle mit nachträglich eingebauter 7,1-Liter-Maschinen – fuhren dann auch Siege nach Hause wie jenen beim Gabelbach-Bergrennen am 29. Juli 1928, wo der Privatfahrer Ernst Carstens die Rekordzeit von 97,6 km/h absolvierte oder am Gaisberg, wo Manfred v. Brauchitsch einige Wochen später die Rekord- und Tagesbestzeit von 72,6 km/h bei den Tourenwagen fuhr. Manfred v. Brauchitsch wurde später bekanntlich einer der besten Grand-Prix-Fahrer.
Die wohl aufsehenerregendste Leistung vollbrachte Rudolf Caracciola auf einem SS im Rennen um die Tourist Trophy am 17. August 1929. Den 410-Meilen-Marathon (660 Kilometer) absolvierte er mit einem Schnitt von 117,2 km/h – das war eine Traum- und Rekordzeit. Zwei Jahre später fuhr Sir Malcolm Campbell, britisches Rennfahrer-Idol und Weltrekordpilot der dreißiger Jahre, ebenfalls einen SS in der Tourist Trophy zum Sieg. Daimler-Benz hatte infolge der Weltwirtschaftskrise alle Rennaktivitäten eingestellt, die Beteiligung an natio-

Links: 1930 bei einem Concours d'Elégance in Frankreich preisgekrönter Mercedes-Benz SS. Die Karosserie ist identisch mit der des Wagens auf Seite 241 ganz unten.

Rechts: Zweitüriger SS Tourer von 1928. Ein identisches Modell steht als Exponat im Deutschen Museum, München.

Unten: Fahrgestell des Mercedes-Benz SS.

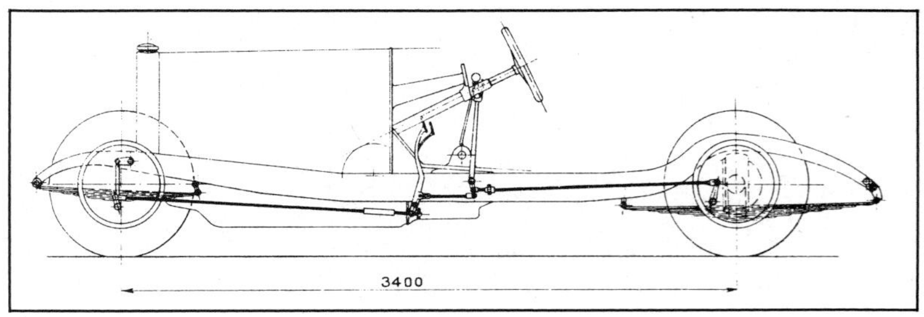

nalen wie internationalen Veranstaltungen war Privatsache einiger Enthusiasten. S Wagen mit 7,1-Liter-Motor waren noch lange bis in die dreißiger Jahre hinein ebenso erfolgreich (Le Mans, Spa-Francorchamps, Bergrennen in Deutschland, Frankreich, Italien und in der Schweiz) wie serienmäßige SS Tourer in Händen leidenschaftlicher »Herrenfahrer«, die – sofern begütert genug – schon immer ohne materielle Unterstützung aus Untertürkheim an den Start gegangen waren, wie etwa Graf Arco-Zinneberg, Wilhelm Merck oder Fürst Albrecht zu Hohenlohe-Bartenstein.

Immer wieder wurde Kritik laut, daß die Benutzung eines Kompressors der Lebensdauer des Motors nur abträglich sein könne. »Der Motor ist durch den Kompressorbetrieb keineswegs überbeansprucht«, hielten die Techniker bei Daimler-Benz den Zweiflern entgegen. »Denn alle Motorenteile sind der höheren Kompressorleistung entsprechend bemessen. Die Organe des Motors sind genauso dimensioniert wie bei einem Motor mit größerem Volumen ohne Kompressor, aber bei gleicher Endleistung.«

Wie für den S, so lieferte man auch für den SS zwei Hinterachsübersetzungen zur Wahl, nämlich 3,09:1 und 2,76:1. Die Abstufung der vier Getriebegänge entsprach der beim S-Modell: 2,75, 1,55, 1,12, 1,00. »Egal welcher Geschwindigkeitsgang eingerückt ist, darf der Kompressor jederzeit zugeschaltet werden«, hieß es in einer Anweisung des Werkes. »Im allgemeinen wird man den Kompressor nur benötigen, um schneller auf eine gewünschte Reisegeschwindigkeit zu kommen und dann ohne Kompressor mit dieser Geschwindigkeit weiterzufahren, oder man wird auf Steigungen, auf welchen man auf den nächstniedrigen Gang zurückschalten müßte, oder bei welcher der Motor mit zu geringer Geschwindigkeit durchzieht, den Kompressor einschalten.«

Der Wissenschaftler Manfred von Ardenne schrieb in seinen 1972 veröffentlichten Memoiren, daß er durch seine Kontakte zu Manfred v. Brauchitsch – dessen Bruder bei ihm im Sekretariat arbeitete – und den Aerodynamiker Paul Jaray veranlaßt worden war, sich einen SS

zuzulegen. »Ich lernte, in den Kurven so zu fahren, wie es dem sportlichen Modell mit tiefer Schwerpunktlage entsprach. Die Kenntnis dieser Technik hat mich später manche Gefahrensituation unfallfrei überwinden lassen. Ich stand kurz davor, selbst aktiv an Rennen teilzunehmen . . . Kauf und Betrieb des 7-Liter-Wagens – er benötigte 30 Liter Benzin auf 100 Kilometer! – überstiegen aber meine damaligen wirtschaftlichen Verhältnisse . . .« Und Frank Arnau schrieb über seine Erfahrungen mit dem SS: »Wer über die Gerade und durch scharfe Kurven, bergauf und bergab, durch Waldpfade und über schlanke Chausseen den Begriff vom landläufigen Automobil verlernt, weil er von Grund auf Neues erlebt, nur der weiß, was ein SS ist!«
Die Schwärmerei, die Leidenschaft für Automobile wie den SS oder den S – siehe das Gedicht auf Seite 136 von Kurt Juhn – war an sich schon verständlich. Wie kaum ein anderer Wagen beeindruckte der Kompressor-Mercedes den Liebhaber rassiger Fahrzeuge. Nicht ohne Grund verkaufte Daimler-Benz gerade von diesen Modellen wie auch später vom 500 K und 540 K eine größere Zahl ins Ausland – und ausgerechnet in jene Länder, in denen es nicht minder schöne und bemerkenswerte Autos gab. Die Franzosen hatten mit einem Delage, Hispano-Suiza, Delahaye oder Talbot ganz ausgezeichnete Fahrzeuge zu bieten, die – karossiert von Könnern wie Chapron, Millet oder Saoutchik – zum Teuersten und Elegantesten gehörten, was die Branche zu bieten hatte. In Großbritannien konnte man sich einen Rolls-Royce, einen in Coventry gebauten Daimler, einen Bentley kaufen,

Spitzenfabrikate in jeder Beziehung. Und dennoch gingen gerade aus solchen Ländern Bestellungen für einen S oder SS ein, von Enthusiasten, die diese Wagen auf den großen internationalen Automobilausstellungen gesehen und mit ihren einheimischen Fabrikaten verglichen hatten. Ein Mercedes faszinierte sie. Die meisten solcher wohlhabenden Autokunden hatten sicher ohnehin einen Rolls oder Delage, einen Voisin oder Lagonda für den »täglichen« Gebrauch in ihrer Remise. Aber ein Mercedes mit Kompressor – das war exotischer, aufregender als jeder Cadillac, Packard oder auch Duesenberg.

»Ich habe die schönsten Reisen meines Lebens in einem Mercedes SS gemacht«, bekennt David Scott-Moncrieff, Englands großer Automobilhistoriker und seit vielen Jahren Rolls-Royce-Händler in Leek, Staffordshire. Eine Zeitlang vertrat er auch einmal das deutsche Fabrikat in seiner Grafschaft als offizieller Repräsentant – aber aus irgend einem Grund, den er heute nicht mehr gern nennt, mußte Scott-Moncrieff seine MB-Vertretung wieder abgeben. Was ihn nicht hinderte, in ganz Europa herumzureisen und gebrauchte K, S und SS aufzukaufen, »die man von verarmten Adeligen, die sich in der Euphorie des

Links: Extravagant ausgestatteter SS Tourenwagen (Standardmodell) aus dem Jahre 1928.

Rechts: 1928 in die USA gelieferter Mercedes-Benz SS 27/170/225 PS Tourenwagen mit amerikanischer Stoßstange.

Unten: Rechte Motorseite des 27/170/225 PS 7,1 Liter von 1928. Rechts daneben ein in Sindelfingen gebauter SS Tourenwagen Baujahr 1929.

Autokaufs mitunter etwas übernommen hatten, recht günstig und mit geringen Laufleistungen bekommen konnte«. Der clevere Brite hatte bald herausgefunden, daß es in seiner Heimat eine große Zahl von Mercedes-Enthusiasten gab, die sich keinen nagelneuen Kompressorwagen leisten konnten, einen importierten Gebraucht-Mercedes aber gerade noch zu verkraften imstande waren. Auf diese Weise gelangten verhältnismäßig viele Mercedes-Klassiker nach Großbritannien, und da die Engländer viel Sinn fürs Aufbewahren alter und vor allem wertvoller Dinge haben, nimmt es nicht wunder, daß dortzulande mehr Veteranen – auch und gerade der Marke Mercedes-Benz – überlebt haben als anderswo. David Scott-Moncrieff ist, bei aller Liebe zum Rolls-Royce, auch heute noch ein überzeugter Mercedes-Fanatiker und hat über die Geschichte dieses Unternehmens auch ein Buch geschrieben: The Threepointed Star (der dreigezackte Stern). Es wurde in den englischsprachigen Ländern ein Bestseller und sollte auch in deutscher Sprache erscheinen, wäre die Übersetzung nicht durch den tragischen Autounfall Richard v. Frankenbergs 1973 verlorengegangen.

27/170/225 PS, 27/180/250 PS – das waren die Formeln für einen Superlativ-Renner aus Untertürkheim, dessen Erfolge den Ruf der Marke Mercedes-Benz weiterhin festigten:

Mercedes-Benz 720 SSK

An jenem Tage, als Ernst Carstens auf seinem SS Sportwagen die Gabelbach-Bergstrecke in der erstaunlichen Zeit von 97,6 km/h erklomm, gab es eine weitere Überraschung. Es war jener 29. Juli 1928, an dem Rudolf Caracciola beim gleichen Bergrennen in der Kategorie der Rennwagen erstmals einen eigens für solche Veranstaltungen gebauten Mercedes-Benz chauffierte, ausgestattet mit dem 225 PS starken 7,1-Liter-Motor, der in einem extrem kurzen Fahrgestell von nur 2950 mm Radstand saß. Die Jungfernfahrt des SSK beendete Carratsch mit einem Bergrekord, den die Zeitnehmer mit 109,3 km/h ermittelten.

SSK – das war die Formel für Super-Sport kurz. Dieses Fahrzeug wurde auch als Typ 720 oder als 27/180/250 PS bekannt. Es gab aber unterschiedliche Motorbestückungen; einmal mit dem SS Aggregat M 06 mit 170/225 PS Leistung, dann mit einem noch weiter »frisierten« Motor, den man mit einem größeren Kompressor versehen hatte. Die Höchstleistung, vom Werk mit 250 PS angegeben, war in Wirklichkeit noch höher und betrug bis zu 275 PS. Einige Werkswagen präparierte man zu noch weiterer Leistungsausbeute – nämlich 240/300 PS. Die mit extrem starkem Lader (»Elefanten-Kompressor«) bestückten Maschinen wurden im Werk unter der Chiffre M 06 RS geführt.

Der Gabelbach-Sieg war der Auftakt zu einer Reihe weiterer Sensationsläufe. Als nächstes tauchte Caracciola mit dem SSK am Schauinsland auf, wo er die Schwarzwaldbesucher sowohl durch den brüllenden Klang seines Kompressors aus der Idylle riß als auch durch die unglaubliche Zeit von 73 km/h – ein neuer Rekord! – in Erstaunen setzte.

Bis zum Frühjahr 1929 waren in Untertürkheim 31 Fahrzeuge mit dem kurzen Fahrgestell und dem 250- bzw. 275-PS-Motor entstanden, Ca-

Links: Fahrgestell des Mercedes-Benz SSK (W 06 III) von 1928 – ein reinrassiges Sportgerät!

Oben: Von Corsica, London, karossierter SSK, Baujahr 1930.

SSK 1928 mit einem Roadster-Aufbau der amerikanischen Firma Walter Murphy, Pasadena.

Links: SSK, ausnahmsweise als Cabriolet karossiert. Den Aufbau stellte die Kölner Firma Papler her.

racciolas ersten Wagen mitgezählt. Über die genauen Produktionszahlen findet man in den verschiedenen Veröffentlichungen – auch solchen von Daimler-Benz – nicht immer einheitliche Angaben. Dies trifft auch für die anderen S Modelle zu. Der Grund hierfür mag in der nachträglichen Modifikation etlicher Wagen liegen, die dann mal in der einen, mal in der anderen Kategorie aufgelistet wurden. Werks- wie privatseitig zum SSK gemachte Lang-Chassis-Fahrzeuge oder solche, die manchmal sogar mehrfach einen anderen Motor erhielten, wurden unter ihren jeweiligen Konfigurationen in den Aufzeichnungen erfaßt, und in späteren Jahren aus den unterschiedlichsten Kom-

ponenten anderer Mercedes-Sportwagen (24/100/140 oder K) zum SSK beförderte Hybriden ließen die Gesamtzahl dieser (nicht immer Original-)Fahrzeuge auf einen Wert anwachsen, der ins Unrealistische ging.
Die 31 Wagen von 1928/29 sind verbürgt. 1930 kamen noch einmal sechs Wagen hinzu, 1931 vier, und vereinzelt wurden bis Ende 1934 noch einmal vier oder fünf Stück auf speziellen Kundenwunsch gebaut. Natürlich wurde der SSK wieder von Käufern bevorzugt, die in erster Linie Wettbewerbe damit bestritten – als Sportwagen zum reinen Privatvergnügen war der Wagen ein zu wenig komfortables Gefährt. Wenngleich es auch wieder zwei- und sogar viersitzige Ausführungen (letztere mehr als 2+2 zu verstehen) gab, die man keineswegs als Rennwagen ansprechen konnte. Sogar Aufbauten als Cabriolets mit Kurbelscheiben in den Türen und winterfestem, gepolstertem Verdeck wurden auf SSK Basis angefertigt.

Nicht alle Renneinsätze Caracciolas auf dem SSK gerieten zum Erfolg. In Monte-Carlo 1929 zwang der übermäßige Durst seines Motors (mit dem Elefanten-Kompressor) zu unplanmäßigem Nachtanken, wodurch er seine Spitzenposition einbüßte und nurmehr Dritter wurde. Beim Großen Preis von Deutschland gab es eine Motorpanne wegen eines ausgelaufenen Pleuellagers. Dafür erkämpfte sich Carratsch 1930 auf dem SSK die Europameisterschaft am Berg (die er 1931 wiederholte). Sieg auf Sieg folgte in Deutschland, Österreich, Irland, England. Kein Berg war vor dem mächtigen Kompressor-Giganten aus Untertürkheim sicher. Auf der Alpenfahrt 1929 errang Georg Kimpel auf SSK den begehrten Alpenpokal – er durchstand die 2660 Kilometer lange Parforce-Tour in Bestzeit. Momberger gewann den Großen Bergpreis der Schweiz am Klausen und siegte auch am Bernina, Graf Arco-Zinneberg am Semmering und am Zirlerberg. Im fernen Südamerika war es Carlo Zatusek, der bei fast allen größeren Rennen

Modell	27/170/225 PS 720 SSK (W 06/III)	27/180/250 PS 720 SSK (WS 06)	27/240/300 PS 720 SSKL (W 06 RS)
Produktionszeit	1928–1934	1928–1932	1931–1933
Motor	Reihen-Sechszylinder M 06	Reihen-Sechszylinder MS 06	Reihen-Sechszylinder M 06 RS
Bohrung, Hub, ccm	100×150 mm, 7068,5 ccm	100×150 mm, 7068 ccm	100×150 mm, 7068,5 ccm
Verdichtung	65,2:1	6,0:1	7:1
Leistung	170 PS bei 3200 U/min 225 PS bei 3300 U/min m. Kopmr.	180 PS bei 3200 U/min 250 PS bei 3300 U/min m. Kompr.	240 PS bei 3200 U/min 300 PS bei 3400 U/min m. Kompr.
Ventile, Steuerung	hängend, ohc, Königswelle	hängend, ohc, Königswelle	hängend, ohc, Königswelle
Schmierung	Druckumlauf	Druckumlauf	Druckumlauf
Kühlung	Wasser, Pumpe	Wasser, Pumpe	Wasser, Pumpe
Vergaser	1 Mercedes Flachstrom	1 Mercedes Flachstrom	1 Mercedes Flachstrom
Elektrik, Zündung	12 V 60 Ah, Batterie + Magnet	12 V 60 Ah, Batterie + Magnet	12 V 60 Ah, Batterie + Magnet
Kupplung	Mehrscheiben-Trockenkupplung	Mehrscheiben-Trockenkupplung	Mehrscheiben-Trockenkupplung
Getriebe	4-Gang	4-Gang	4-Gang
Lenkung	Schraubenspindel	Schraubenspindel	Schraubenspindel
Fußbremse	mech. Vierrad	mech. Vierrad	mech. Vierrad
Handbremse	mech. Hinterräder	mech. Hinterräder	mech. Hinterräder
Chassis	Preßstahl-Niederrahmen	Preßstahl-Niederrahmen	Preßstahl-Niederrahmen, Leichtbau
Radstand, Spur v/h	2950, 1420 mm	2950, 1420 mm	2950, 1420 mm
Gesamtabmessungen	4250×1700×1725 mm	4520×1700×1725 mm	4250×1700×1250 mm
Bereifung	6.50–20	6.50–20	30×5.00
Tankinhalt	130 Liter	130 Liter	130 Liter
Leergewicht	1700 kg	1700 kg	1500 kg
Höchstgeschwindigkeit	192 km/h	200 km/h	235 km/h
Stückzahlen	ca. 45 insgesamt		7
Preis	RM 33 000 (Roadster)		RM 40 000

Oben: Fahrgestell des SSK. Auch hier sind bereits eine Anzahl von Erleichterungs-Durchbohrungen vorhanden, wenn auch nicht so viele wie beim SSKL.
Rechts: Eine Annonce, die im Jahre 1929 erschien.

in Argentinien seinen privaten SSK siegreich durch das Ziel steuerte. Eine herbe Enttäuschung mußte Rudolf Caracciola indessen 1930 beim 24-Stunden-Rennen von Le Mans erleben. Sein SSK wurde von einer Meute zäher Bentleys gejagt, jener britischen Elite, die schon 1928 und 1929 Le Mans für sich entschieden hatte. Taktisch klug geplant, ließen die Briten den weißen Giganten lange genug vor sich herziehen, um ihn in scheinbarer Sicherheit zu wiegen. Dann wagten einige der grünen »Lastwagen« (also solche von Ettore Bugatti bezeichnet) Vorstöße zur Spitze, begannen den Meister nervös zu machen. Um seinen Verfolgern entkommen zu können, stieß Caracciola in immer dichteren Abständen das Gaspedal voll durch – der Kompressor trat in Aktion und vergrößerte den Vorsprung des SSK. Aber nicht in ausreichendem Maße. Der für seine Risikofreudigkeit bekannte englische Pilot Woolf Barnato zog einige Male an Caracciola vorbei, ließ ihn dann wieder überholen und setzte dieses zermürbende Spiel so lange fort, bis Carratsch sich tatsächlich herausgefordert sah, seinen Motor zu überdrehen. In der 83. Runde mußte er den Wagen an den Boxen abstellen – der Sieg gehört ein weiteres Mal den Engländern. Es war ein letzter Triumph der Marke Bentley als unabhängiges Automobil-Unternehmen; kurze Zeit später wurde die traditionsreiche Firma von Rolls-Royce unter die Fittiche genommen, die für sportliche Extravaganzen dieser Art so gut wie keinen Sinn hatte. Der Mercedes war wieder der unangefochtene Beherrscher der Szene.

Fahrzeuge wie einen Bugatti Typ 35, einen 4,5 Liter Bentley oder einen Mercedes-Benz SSK konnte sich jedermann kaufen, der über das nötige Kleingeld verfügte. Durch Abnehmen der Kotflügel und Scheinwerfer oder eventuell vorhandener Stoßstangen, Austauschen der Windschutzscheibe gegen kleine, manchmal winzige Sportscheiben wurde aus einem solchen Fahrzeug ein dem Reglement in jeder Beziehung entsprechender Rennwagen. Das versetzte so manchen Privatmann in die Lage, mit ein und demselben Fahrzeug von der heimatlichen Garage zur Rennstrecke zu fahren und dort binnen einer halben Stunde sein Transportgefährt zum Wettbewerbsinstrument zu verändern. Den Millionenaufwand, wie ihn die Rennställe später praktizierten und noch heute betreiben, kannte man nicht. »Wenn Sie mit Ihrem SSK Rennen fahren wollen«, so ermunterte die Firma Daimler-Benz ihre Sportwagen-Kunden, »so ist unser Kompressor-Modell als Wunderwerk der Technik das richtige für Sie. Karosserien unserer Wagen

Ganz oben: Ein 1929er SSK, seinerzeit nach Eisenach geliefert. Darunter ein SSK mit seitlich montiertem Reserverad und kleinem Heckkoffer. Das unterste Foto zeigt einen 1931 von der Firma Gläser, Dresden, karossierten SSK mit einem langen Spitzheck.

SSK Roadster 1929, hier mit einem Werkzeugkasten im Trittbrett. Die senkrecht geteilte Windschutzscheibe sah man nicht oft.

Unten: Mercedes-Benz Tourer SS und ein SSK mit relativ hoch angesetzten Trittbrettern. Rechts daneben der herausgenommene Werkzeugkasten des oben abgebildeten SSK.

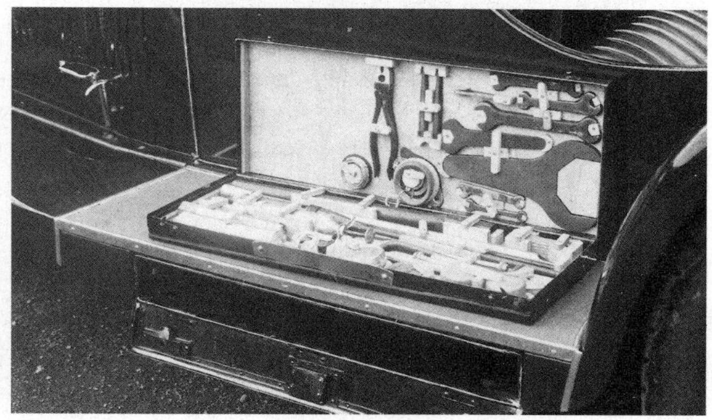

werden leicht und solid in unserem Werk Sindelfingen hergestellt, Farbe der Lackierung und der Polsterung können je nach Wunsch ausgeführt werden.«

Nur wenige originale SSK haben überlebt. In den fünfziger Jahren wurde noch hier und da ein Exemplar aufgestöbert, meist in schlimmer Verfassung, wobei dies fast immer auf mutwillige Beschädigungen durch Unwissende zurückzuführen war, die in einem Schuppen, auf einem mit Kriegstrümmern überschütteten Garagenhof oder sogar auf dem Schrottplatz ein »altes Auto« entdeckt hatten, dessen Wert ihnen nicht bewußt war. In Schweden, in Frankreich, in England und auch in Deutschland sind ein paar dieser wertvollen Klassiker in letzter Minute gerettet und im Laufe der Zeit restauriert worden. In Amerika gab es eine Anzahl noch gut erhaltener Exemplare, weitere wurden in der frühen Nachkriegszeit von vermögenden Sammlern nach USA hinübergeschafft. Mehr als ein Dutzend echter SSK im Originalsinne dürfte nicht erhalten geblieben sein; rechnet man die Hybriden dazu, kommt man auf möglicherweise zwanzig. Und jeder, der einen SSK heutzutage besitzt, hütet seinen Schatz wie ein unersetzbares Kleinod. An Seltenheit und Wert ist dieses Auto höchstens einem Duesenberg J Type oder einem Bugatti 59 vergleichbar – ebenfalls unerreichbare und gleich einem SSK unerschwingliche Einzelstücke, von denen sich der Besitzer nicht trennt.

Ganz oben: Ein 1930 fotografierter SSK, darunter das Fahrgestell eines SSKL. Gegenüber dem SSK wog dieser Wagen 200 kg weniger. Die Motorleistung betrug bis zu 300 PS. Der Kraftstofftank im Heck faßte 130 Liter.

Oben: Caracciola und sein Beifahrer Werner im SSK, mit dem sie 1930 die Mille Miglia bestritten.

Unten: Frontansicht des Original-SSKL von 1929. Auf dem Trittbrett wurden zusätzliche Kraftstoffbehälter etc. mitgeführt.

Höhepunkt der lang anhaltenden Karriere der Mercedes-Sportwagen und zugleich dramatischer Abschluß war dieser in nur wenigen Stückzahlen gebaute Spezialwagen mit einer zur Legende gewordenen Chiffre:

Mercedes-Benz 720 SSKL

Wenn ein Superlativ noch eine Steigerungsform findet, dann im Falle des SSK. Aber es war nicht mehr Ferdinand Porsche, der die scharfe Waffe der Stuttgarter noch brisanter machte. Diese Arbeit oblag seinem Nachfolger Hans Nibel sowie dessen Mitarbeitern Fritz Nallinger und Max Wagner, Männer aus dem Mannheimer Stammhaus Benz.
Alte Benz-Schule verriet auch das Rezept, mit welchem sie den SSK noch leichter und damit noch schneller machten. Er wurde damit zum SSKL (Super-Sport kurz leicht), auf den ersten Blick erkennbar an den zahlreichen Durchbohrungen am Fahrgestell sowie an diversen Aggregaten und ihren Trägern. Schon der Tropfenwagen von 1923 aus dem Hause Benz hatte ein solches »Schweizer-Käse-Chassis« aufgewiesen. Um runde 125 kg Gewicht ließ sich das Fahrgestellgewicht dadurch reduzieren. Die Löcher gab es nicht nur in den Längs- und Querträgern des Rahmens, sondern auch in den Knotenblechen, an den Pedalen, an den Rippen der Bremstrommeln. Nur im vorderen Chassisbereich sah man von Durchbohrungen ab, um kein Risiko in der Gegend der Motoraufhängung einzugehen. Dennoch gab es auch Fahrgestelle, bei denen die Löcher bis zur vorderen Kröpfung reichten – allerdings waren dies in privater Initiative behandelte Wagen, die vom SSK zum SSKL verwandelt wurden.
Als Antriebsaggregat in diesem leichten, dennoch extrem stabilen Fahrgestell saß der 7,1-Liter-Motor (M 06 RS genannt), in einigen Fällen »nur« 180/250 PS stark, meist aber mit einer steileren Nockenwelle, einer höheren Verdichtung (bis 7:1) und dem Elefanten-Kompressor auf 240/300 PS gebracht. Je nach Einsatzzweck gab es Getriebe mit unterschiedlichen Abstufungen, auch bei den Hinterachsen gab es Variationen von 2,6 bis 3,09.

Oben: Fahrgestell des Mercedes-Benz SSKL (27/240/300 PS) von der Seite. Später von privaten Besitzern zum SSKL modifizierte SSK wiesen noch weitere Durchbohrungen des Fahrgestells auf. Der Rennwagen kostete 40 000 Mark.

1931 begab sich Caracciola mit einem SSKL zur Mille Miglia in Italien. Als erster – und bislang letzter – deutscher Fahrer auf einem deutschen Wagen errang er bei dieser strapaziösen Non-Stop-Tour den Gesamtsieg, bevor er das Berliner Avusrennen, das Eifelrennen und den Großen Preis von Deutschland anschließend ebenso souverän für sich und seinen SSKL entschied. In nur 16 Stunden und 10 Minuten bewältigte er die 1635 Kilometer, was einem Schnitt von 101,13 km/h entsprach. Das von Stirling Moss 1955 ebenfalls auf einem Mercedes-Benz gewonnene 1000-Meilen-Rennen wurde mit einem Schnitt von 156,3 km/h bewältigt – mit rund 280 PS war jener 300 SLR dem SSKL vergleichbar motorisiert. Moss' Wagen wog aber nur etwas mehr als die Hälfte dessen, was der SSKL auf die Waage brachte.
Der SSKL, von dem es werksseitig nie mehr als sieben Exemplare gab, stellte 1931/32 den Höhepunkt und den Abschluß der aufregenden Karriere des Kompressor-Mercedes im Rennsport dar – zumindest in dieser Form, denn auch die 1934 in Kraft tretende neue Rennformel brachte Mercedes-Automobile an den Start, die aufgeladene Motoren hatten. Caracciola war es aber nicht oft, der in jenen Jahren den SSKL pilotierte, sondern sein Kollege Manfred v. Brauchitsch. Auch Hans Stuck, vom Austro-Daimler-Lager kommend, erwarb einen dieser leichten Superrenner. Für den Großen Preis von Deutschland, der 1932 auf der Berliner Avus ausgetragen wurde, ließ sich v. Brauchitsch sogar eine stromlinienförmige Spezialkarosserie nach Entwürfen des Aerodynamikers Reinhard v. Koenig-Fachsenfeld anfertigen. Delikaterweise trat er mit seinem »Zeppelin auf Rädern« gegen seinen ehemaligen Teamkollegen Caracciola an, der einen Alfa Romeo steuerte, wobei – erwartungsgemäß – v. Brauchitsch den Sieg davontrug. Mit respektheischenden 194,4 km/h. Ein ähnlich karossierter Stromform-SSKL wurde auch 1933 nach Berlin geschickt, diesmal von der Rennabteilung von Daimler-Benz (wo ein rühriger Alfred Neubauer nicht untätig sein mochte). Otto Merz chauffierte das Fahrzeug eigenhändig nachts von Stuttgart nach Berlin – verunglückte aber noch in der ersten Trainingsrunde tödlich. Mit ihm trat der SSKL endgültig von der Szene ab. Eine große Ära war vorüber.

Manfred v. Brauchitsch am Steuer seines Stromlinien-SSKL, mit dem er 1932 auf der Avus einen Schnitt von 194,4 km/h fuhr.

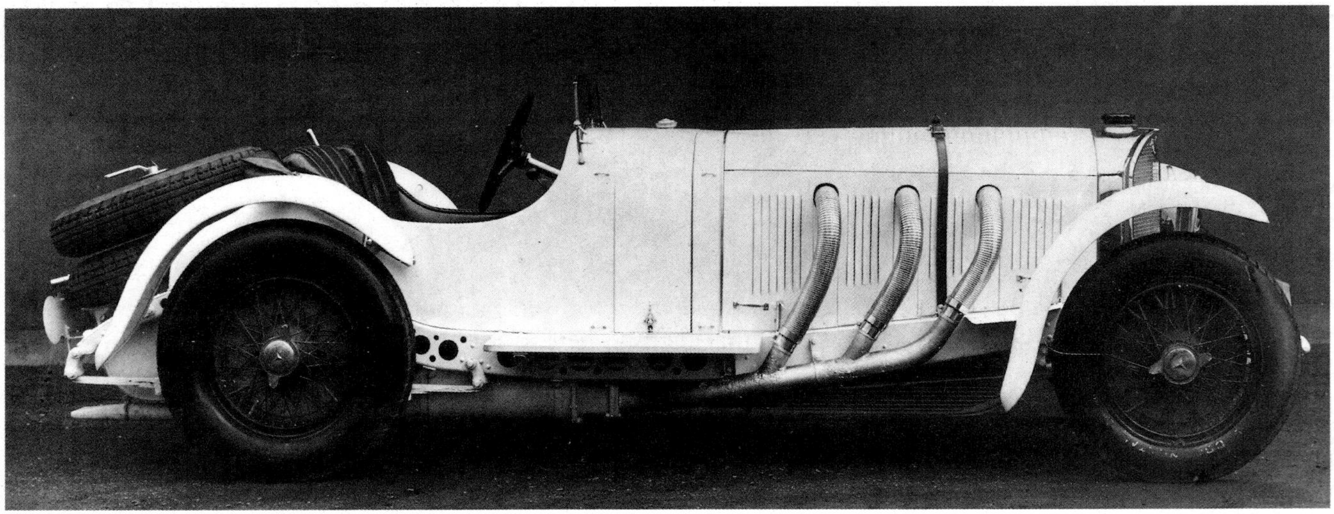

Links: SSKL in originaler Werksausführung von 1929 in Wettbewerbsform.

Linke Fahrzeugseite des Wagens auf der gegenüberliegenden Seite.

Der SSKL von 1929 ohne Karosserie.

Ein umfangreiches Programm an Nutzfahrzeugen lief parallel zur Personenwagenfertigung. Unmittelbare Ableitungen vom Pkw zum Lkw gab es indessen nicht.

Nutzfahrzeuge, Umbauten, Militärausführungen

Nutzfahrzeuge unter dem Zeichen des Mercedessterns wurden in den zwanziger Jahren in Berlin-Marienfelde, die der Marke Benz in Gaggenau produziert. Dort war es vor allem Hans Nibel, der sich um ihre Entwicklung kümmerte. Unter seiner Leitung reifte der Rohölmotor zur praktischen Verwendung im Nutzfahrzeug.

Auf Basis der Mercedes-Personenwagen gab es in den zwanziger Jahren keine ausgesprochenen Lkws, nur Aufbauvarianten wie etwa den L 750 oder L 1000 auf dem verstärkten Fahrgestell des Mercedes-Benz Stuttgart 260 (1929–1934). Reiht man die Kübel- und Mehrzweckwagen fürs Militär in diese Kategorie ein, wären auch die 8/38 PS, 12/55 PS und 350 zu nennen, die es ebenfalls in Reichswehr-Diensten gab.

Im Kriege wurden etliche Personenwagen zu Nutzfahrzeugen umkarossiert, weil ihre Fahrgestelle und Antriebsaggregate so außerordent-

Modell L 1000 (10/50 PS Stuttgart 260) von 1928 als sogenanntes »Kombinationsfahrzeug«.

Links: Mercedes-Benz Paketwagen. L 1000 von 1928. Motor und Antrieb entsprechen dem Stuttgarter 260. Daneben ein K-Aussichtswagen von Kässbohrer.

Rechts: Mercedes-Benz Stuttgart 260 mit verlängertem Chassis als Hotelbus.

Unten: Ein L 1000 als Lieferwagen (Stuttgart 260) von 1928.

Oben: Modell L 1000 (Stuttgart 260) als Postwagen. Unten: Auch bei der Reichswehr taten zahlreiche Fahrzeuge vom Typ Stuttgart 200 und 260, karossiert als Kübelwagen, ihren Dienst.

lich robust und langlebig waren. So mußte sich mancher Nürburg zum Kleinlaster oder zur Hilfsfeuerwehr degradieren lassen. Serienmäßig hergestellte Nutzfahrzeuge mit dem Achtzylinder des 460 gab es ebensowenig wie etwa solche mit aufgeladenem Sechszylindermotor. Wohl aber wurde in Einzelfällen ein Kompressorwagen zur Hotel-Limousine mit zehn bis zwölf Sitzplätzen umgebaut, wie jener bei Kässbohrer karossierte Bus auf Basis eines Mercedes-Benz K. Last not least ereilte einige 15/70/100 oder 24/100/140 das Schicksal, später als Schleppwagen (mit Motorwinde) im Segelflugsport oder als Pannenhilfswagen eingesetzt zu werden. Selbstverständlich haben sich Liebhaber darangemacht, solche Fahrzeuge später wieder in ihren Originalzustand zu versetzen. In Spanien lief bis in die fünfziger Jahre ein umgebauter SS mit britischem Perkins-Dieselmotor – als Baustellenfahrzeug!

Heute lassen sich keine bislang unentdeckte Mercedes-Benz-Oldtimer der zwanziger Jahre mehr ans Tageslicht bringen. Um so sorgfältiger werden die Schätze in Händen engagierter Liebhaber gehegt und gepflegt:

Mercedes-Benz-Veteranenliebhaber in aller Welt

Liebhaber historischer Automobile haben sich in den letzten drei Jahrzehnten – in Großbritannien auch schon früher – zu Clubs und Interessengemeinschaften zusammengefunden. Freunde alter Mercedes-Benz-Automobile machen da keine Ausnahme – im Gegenteil: sie pflegen einen regen Erfahrungs- und Ersatzteiltausch (beim Oldtimerhobby besonders wichtig!) und organisieren internationale Treffen und Rallies, die einem breiten Publikum sichtbar machen, mit welcher Ernsthaftigkeit hier praktische Automobilgeschichte betrieben wird. Da es nicht mehr allzu viele Automobile der Marken Daimler, Benz und Mercedes-Benz aus den zwanziger Jahren gibt, sind die meisten der noch existierenden Exemplare den Sammlern bekannt oder man weiß zumindest, in wessen Händen sich dieser oder jener Wagen befindet. Besonderer Wertschätzung erfreuen sich natürlich die raren Kompressormodelle sportlicher Prägnanz – jeder der wenigen Eigner eines S, SS oder gar SSK ist genauestens im Bilde, wo die Schwesterexemplare seines Boliden stehen. Die Gilde der Liebhaber alter Mercedes-Benz-Fahrzeuge ist weit verstreut – in Australien wie in Kanada, in Argentinien wie in Finnland, in Südafrika wie in Österreich, in Portugal wie in Japan gibt es Besitzer von fünfzig- bis sechzigjährigen Wagen. Eine besondere Rolle spielen die Museen. Nicht nur das werkseigene Museum in Stuttgart-Untertürkheim mit seiner fast lückenlosen Skala aller Modelle der zwanziger Jahre zieht den an der Automobilgeschichte Interessierten in seinen Bann, auch viele andere Sammlun-

Oben: Mercedes-Benz 24/100/140 als zweisitziger Sportwagen, der 1978 an einer nationalen Rallye teilnahm. Das ausgezeichnet restaurierte Fahrzeug gehört zum Bestand des Stuttgarter Daimler-Benz-Museums.

Links: Mercedes-Benz Stuttgart 260 als viertüriger Tourenwagen. Der Wagen gehört einem Stuttgarter Sammler.

Rechts: Auf vielen Rallies im In- und Ausland sieht man immer wieder diesen erstklassigen Mercedes-Benz S aus Bielefeld.

Links: Der 15/70/100 PS, der einst Richard Tauber gehörte. Das Auto gelangte Anfang der sechziger Jahre in den Besitz des damaligen Präsidenten des Allgemeinen Schnauferl-Clubs, Paul-Heinz Röhll, und wurde einer totalen, sehr aufwendigen Restaurierung unterzogen.

Mercedes-Benz S aus dem Besitz des Landshuter Sammlers Rolf Wagner beim elektronischen Auswuchten der Räder.

Ganz oben: Ein bei Antique Automobile, Peterborough (England) restaurierter SS 1929. Darunter ein SSK von 1928, der 1955 aus England zu einer Rallye nach Deutschland herüberkam.

Oben ein SSKL, der nachträglich Chassisdurchbohrungen im vordersten Rahmenbereich erhielt.

Darunter die Traumgarage eines leidenschaftlichen Oldtimer-Sammlers . . .

gen, in ganz Europa und in Übersee, beherbergen ausgezeichnet erhaltene oder gut restaurierte Boliden der zwanziger Jahre mit dem Mercedesstern am Kühler. Besonders wertvolle Wagen stehen in den Privatmuseen der Amerikaner Brooks Stevens (dem der SSK letztlich die Anregung gab, in Form seines berühmten Excalibur einen Nachbau auf die Räder zu stellen) und Briggs Cunningham, bei Harrah's und in anderen, weniger bekannten Tempeln der Automobilhistorie. Auf allen großen Oldtimer-Veranstaltungen sind immer einige Mercedes der »Roaring Twenties« zu sehen. Sie gehören zu den aufregendsten Fahrzeugen im Feld, und wer ihre Geschichte kennt, weiß auch, warum. Einen antiken Mercedes-Benz zu besitzen, ist für manchen Autoliebhaber ein Stück Lebensphilosophie . . .

Ein 1929er Mercedes-Benz Mannheim 350 mit englischer Roadster-Karosserie, darunter ein SSK, den man später einmal mit einem neuen Lenkrad versah. Die Instrumente sind original.

Ganz oben: Der amerikanische Mercedes-Restaurateur Ray Jones mit seinem SSK auf dem Travering bei Bad Oldesloe. Das Foto darunter zeigt einen stilechten SSK, den ein Bielefelder Sammler in den letzten Jahren in zahlreichen Veteranenrennen präsentierte.

Viele Mercedes-Benz-Enthusiasten begeistern sich auch für Automobile in Spielzeuggröße:

Klassiker im Miniaturformat

Das Phänomen der Autominiatur ist fast so alt wie das Auto selbst. Blechspielzeug vergangener Zeiten, heute rar und zu Liebhaberpreisen gehandelt, übt einen ungeheuren Reiz aus, und das ist bei den Kleinausgaben historischer Fahrzeuge in diversen Maßstäben, wie sie heute im Handel sind, nicht anders. Historisch mehr oder weniger originalgetreu nachgebildete Modelle – beileibe kein Spielzeug, sondern Sammlerstücke! – gibt es von der Marke Mercedes-Benz in großer Zahl, wobei die zwanziger Jahre allerdings etwas knapp wegkommen. Lediglich bei den Wettbewerbsfahrzeugen ist die Auswahl verständlicherweise etwas größer. Der Enthusiast kennt sie alle, und er scheut auch nicht davor zurück, viel Zeit und Geduld aufzuwenden, wenn es um den Zusammenbau eines Kits geht. Viele Modellsammler haben sich längst darauf spezialisiert, ihre Kleinodien nach Marken zusammenzutragen – genau so, wie viele Briefmarkensammler nicht schlechthin alles sammeln, was sie in die Hände bekommen; auch sie spezialisieren sich angesichts der unendlichen Fülle des Angebots auf bestimmte Sektoren. Verständlicherweise ist es vor allem der Mercedes-Benz SSK, der die Hersteller immer wieder reizte, ihn im Kleinformat wieder aufleben zu lassen. Vom Stuttgart 200 oder 260 gibt es im Handel keine Modelle, auch nicht vom 15/70/100 oder vom S. Eine französische Firma bietet den Nürburg als Taxi im Maßstab 1:43 an,

Die englische Firma Plumbies bietet dieses Modell eines SSKL von 1929 aus Metall an. Der im Maßstab 1:43 gehaltene Miniatur-Renner weist allerdings im vorderen Fahrgestellbereich einige Durchbohrungen zuviel auf. Vermutlich diente ein modifizierter SSK als Vorbild.

Baujahr	Typ	Hersteller	Material	Art	Maßstab
1928	SSK	Rami, Rio	Metall	Fertigmodell	1:43
1928	SSK Spezial	ABC	Kunststoff	Fertigmodell	1:43
1928	SSK	Gama	Metall	Fertigmodell	1:43/24
1928	SSK	Norev	Kunststoff	Fertigmodell	1:43
1928	SS	Solido, Matchbox, Estetyka	Metall	Fertigmodell	1:43
1928	SS	Gakken	Kunststoff	Bausatz	1:16
1931	SSKL	Matchbox	Kunststoff	Bausatz	1:32
1928	SSK	Plumbies	Metall	Bausatz und Fertigmodell	1:43
1931	SSKL	Burago	Metall	Fertigmodell	1:14
1928	SS Torpedo	Solido	Metall	Fertigmodell	1:43
1928	SS	Matchbox	Metall	Fertigmodell	1:45
1929	SSK	Lindbergh	Kunststoff	Bausatz	1:24
1929	L 1000 260	Metal 87	Metall	Bausatz und Fertigmodell	1:87
1929	Nürburg 460 Taxi	Eligor	Metall	Fertigmodell	1:43
1931	SSKL	Classic Car, Plumbies	Metall	Bausatz	1:43
1931	SSKL Stromlinie	Plumbies	Metall	Bausatz und Fertigmodell	1:43
1931	SSKL	Fulgurex	Metall	Fertigmodell	1:12
1931	SSKL	Rio, Solido	Metall	Fertigmodell	1:43
1930	Mannheim Roadster	Plumbies	Metall	Bausatz und Fertigmodell	1:43

Links: Äußerste Detailgenauigkeit weist dieser SSKL von der Modellfirma Fulgurex auf. Der Wagen im Maßstab 1:12 kostet natürlich auch eine Kleinigkeit. Oben: Plumbies GP-Wagen von 1908 als Modell 1:43.

Die in Deutschland durch die Firma Danhausen, Aachen, vertretene Modellmarke Plumbies hat eine ganze Reihe von Mercedes-Miniaturen im Programm. Dieser Zweisitzer ist ein SSK von 1928, in allen Details sehr fein durchgebildet. Der Maßstab ist 1:43, bei vielen Sammlern gegenüber anderen Maßstäben bevorzugt.

und bei Plumbies bekommt man einen Mannheim-Roadster. Aber da ist ja noch das alte Blechspielzeug der dreißiger Jahre ... Es gibt Modell-Liebhaber, die es auf über 400 Mercedes-Miniaturen gebracht haben, altes Spielzeugblech und in Eigenleistung entstandene Einzelstücke mitgezählt. Solche Sammlungen haben gegenüber einer Kollektion »echter« Autos einen nicht zu übersehenden Vorteil: Man braucht, um seine Lieblinge geschützt unterstellen zu können, keine weiträumigen Garagenflächen, sondern nur eine Glasvitrine im Wohnzimmer. Die sich der engagierte Fan vielleicht auch noch selber anfertigt, etwa aus einem alten Mercedes-Kühler oder einem Kasten, dem er Rahmen und Windschutzscheibe eines Oldtimers vorsetzt.

Fotonachweis: Antique Automobile Ltd., Archiv der Automobil-Chronik, Paul Dauer, Archiv der Daimler-Benz AG, Alain Dollfus, Harrahs-Collection, Ferdinand Hediger, Heribert Hofner, Wilhelm Jacob, Karl Kässbohrer Fahrzeugwerke GmbH, George A. Moffitt, Mercedes Veteranen-Club von Deutschland e. V., National Motor Museum Beaulieu, Österreichisches Zweirad-Archiv, Adalbert Rohn, Halwart Schrader, Martin Schröder, John Willys, Jean Wittmann. Die Farbaufnahmen stammen von der Princeton Publishing Co. (Automobile Quarterly Publications), Neill Bruce, Wieslaw Fusaro, Ferdinand Hediger, Reinhard Lintelmann und von der Daimler-Benz AG.